Dresden in den 50er Jahren

Dresdner öffnen ihre Fotoalben

Jürgen Richter

Dresden in den 50er Jahren

Dresdner öffnen ihre Fotoalben

Titelbild: Die Idylle mit weidenden Schafen vor der Frauenkirche täuscht. 1957, als die Aufnahme entstand, wurde mit voller Kraft am Wiederaufbau Dresdens gearbeitet.
Foto: Sächsische Landesbibliothek, Staats- und Universitätsbibliothek Dresden. Deutsche Fotothek/Walter Möbius.

Rücktitel: Vor allem den Frauen und Mädchen ist es zu verdanken, dass die Kriegszerstörungen beseitigt wurden. Selbst vor schweren Arbeiten, wie hier mit einer Eisenwalze im Rudolf-Harbig-Stadion, scheuten sie nicht zurück.

Impressum

1. Auflage September 2003

Gesamtherstellung: Dresdner Magazin Verlag GmbH
Satz und Gestaltung: Neuwerk, Ralf Ludewig (AD), Dan Prietzel

Druck: Sächsisches Druck- und Verlagshaus AG

ISBN: 3-910175-04-X

Inhaltsverzeichnis

Vorwort

Dresdner sind geduldig. Am 1. August 2002 hatte die Sächsische Zeitung zum ersten Male die Dresdner aufgerufen, eine Idee realisieren zu helfen. Privatfotos aus den fünfziger Jahren sollten eingeschickt werden. Eine Zeit, die nun schon ein halbes Jahrhundert zurückliegt und über die viel zu wenig bekannt ist. Schließlich waren gerade die fünfziger Jahre die entscheidendsten für den Wiederaufbau von Dresden. Der Aufruf der SZ sollte also Auslöser werden dafür, in persönlichen Erinnerungen zu kramen und mal wieder die alten Fotoalben zur Hand zu nehmen. Aber eben nicht nur, um in Entdeckungsfreuden zu schwelgen, sondern auch um beizutragen, vielen Menschen die damalige Zeit näher zu bringen. Also auch rein private Momente der Öffentlichkeit zu zeigen.

Ein sehr kühnes Vorhaben – das nie erhoffte Resonanz fand. Mehr als 750 Fotos und Dias sowie über 30 Zeichnungen und ein Stapel Skizzenbücher wurden auf den Weg zum Haus der Presse geschickt. Die Zusendungen reichten vom einzelnen Dia bis zum kompletten Fotoalbum zur freien Verwendung von gewünschten Motiven. Teils in den fünfziger Jahren selbst fotografiert, teils aus Familienbesitz und privat erworbenen Sammlungen. Leihweise zur Verfügung gestellt von Dresdnern aus Dresden, dem näheren und weiteren Umland, aus Berlin und Stuttgart, Dortmund und vilen anderen Städten in Deutschland. Eine derartige Fülle und Auswahl fotografierter und gezeichneter Erlebnisse, Ereignisse und Situationen zwischen 1950 und 1959 in Dresden bietet sich förmlich an, in einem Buch zusammengefasst und somit für künftige Generationen bewahren zu werden. Wenige Tage später in jenem August 2002 wurde dieses Ziel erst durch eine wild gewordene Weißeritz, danach noch durch eine übervolle Elbe gründlich verwässert. Was unversehrt blieb, das waren die eingesandten Dokumente und die Hoffnung auf ein nur Aufgeschoben statt Aufgehoben der Idee.

Ein Jahr Ausharren hat sich gelohnt. Unser Buch versteht sich nicht als Stadtlexikon über die fünfziger Jahre. Es soll – wahrscheinlich in dieser Art und Breite erstmalig für Dresden – die Stadt in ihrer Aufbruchzeit zeigen. Widergespiegelt in Bildern, die privat gemacht wurden und nicht Aufnahmen von Fotoreportern oder Berufsfotografen zeigen. Der Authentizität wegen sind die Fotos im Original abgebildet und nicht fototechnisch verfeinert worden. Manche von ihnen sind verblasst, so wie halt auch Erinnerungen verblassen. Aber ohne die vielen kleinen Geschichten der Dresdner kann die Geschichte Dresdens nicht umfassend genug geschrieben werden. Dieses Buch soll dazu einen Beitrag leisten.

JÜRGEN RICHTER

Der letzte Schnee im Dezember 1959. Die fünfziger Jahre verabschieden sich auf dem nächtlichen Postplatz mit Blick auf die Straßenbahnhaltestelle der jetzigen Linie 4 Richtung Wilsdruffer Straße und Theaterplatz. Rechts ist die „Käseglocke", in der Mitte das Hauptpostamt und links vor dem ehemaligen Fernsprechamt eine Interimsverkaufsstelle des HO-Warenhauses zu sehen. Foto von Dr. Peter Müller

Sonntäglicher Alltag Ende der fünfziger Jahre auf dem Altmarkt. Hier ist Treff zu einem Plausch und zum Zeigen der neuesten zwei- und vierrädrigen Errungenschaften. Und der Altmarkt ist der zentrale Ausgangspunkt für einen Besuch der ersten neuen Gaststätten im Stadtzentrum: „Haus Altmarkt“ (Bildmitte), „Café Prag“ und „Ring-Café“.
Foto von Marianne Klimpel

Wo Licht ist, da ist auch Hoffnung. 1956 erstrahlt der Postplatz wieder im Licht der Straßenlaternen und bietet reizvolle Schattenspiele unter den Arkaden des Schauspielhauses. Hintergrundkulisse ist das „Palast-Hotel Weber“. Fotos von Frieder Delang

Auf diesen Aufnahmen von 1959 sind beim erleuchteten Altmarkt und bei der Hofkirche eigentlich nur wenige Unterschiede zu heutiger Zeit festzustellen.
Fotos von Frieder Delang

Zwei Fotos zu einem Blick Anfang März 1953 über den Altmarkt Richtung West zusammengefügt. Das dritte Haus links wird Dresdens erstes HO-Kaufhaus und später das Einrichtungshaus „Intecta“. Rechts davon verläuft die Wilsdruffer Straße. In der Mitte die Ruinen von Schloss und Hausmannsturm. Panoramafoto von Walter Holfert

Den Trümmerstaub ausspucken

Hunderttausend Dresdner brauchen ein neues Dach über dem Kopf

Wir brauchen etwa 55 Millionen Ziegel, schätzt der Aufbaustab im Jahre 1952 ein. 55 Millionen Ziegelsteine für den Wiederaufbau Dresdens. Längs aneinandergereiht erreichen die annähernd ein Drittel des Erdumfanges. Eine unvorstellbare Menge. Die Ziegelwerke produzieren zwar mit Hochdruck, aber doch nicht nur für die sächsische Landeshauptstadt. In dieser Situation muss der Begriff von der „Erschließung eigener Reserven" geboren worden sein. Bisher, so der Durchschnittswert, konnten aus einem Kubikmeter Trümmerschutt 15 Mauerziegel zur Wiederverwendung aufbereitet werden. Putzreste und Bruch dienen dem Verfüllen der Ruinenkeller. Aber: Die Keller vormaliger Wohnhäuser sind doch auch aus Ziegeln gemauert und haben den Bombenhagel am 13. Februar 1945 fast unversehrt überstanden. Das neue Ziel heißt also, aus einem Kubikmeter mindestens 30 Mauerziegel zu bergen. Insgesamt sollen die 18 Millionen Kubikmeter Trümmerlandschaft auf 15 Quadratkilometern, die einmal das glanzvolle Zentrum des weltberühmten Elbflorenz bildeten, bis 1960 restlos beräumt sein.

Rund 100 000 Dresdner brauchen ein neues Dach über dem Kopf. Und das möglichst schnell. Bis zum Februar 1945 gibt es einen Bestand von 222 000 Wohnungen. Durch das Bombardement werden 75 000 Wohnungen total zerstört, 11 000 schwer und 7 000 mittelschwer beschädigt. Zehntausende Tote und aus der Stadt flüchtende Ausgebombte lassen die Einwohnerzahl von 560 000 um etwa 200 000 sinken. Allein im Stadtzentrum und in der angrenzenden Johannstadt wohnen vor dem Angriff zusammen 110 000 Menschen. Danach haben lediglich noch eintausend von ihnen eine Bleibe. Doch 1953 hat Dresden schon wieder die Halbmillionenmarke erreicht. Allerdings sorgen dafür auch die Zugänge durch die Bewohner von Großluga, Großzschachwitz, Hellerau, Hosterwitz, Kleinluga, Klotzsche, Meußlitz, Niederpoyritz, Niedersedlitz, Pillnitz, Sporbitz, Wilschdorf und Zschieren sowie Oberpoyritz und Söbrigen, die im Juli/August eingemeindet werden.

Der Aufbau braucht Geld. Der Plan zum Bau von neuem Wohnraum sieht in den ersten drei Jahren bis 1953 mindestens 1 200 und danach von 1954 bis 1957 etwa 11 580 Wohnungen vor. In den folgenden Jahren betragen die Jahresscheiben für 1958 rund 3 300, für 1959 über 4 000 und für 1960 genau 5 370 Neubauwohnungen. Aber die Stadt hat für den Wohnungsbau bis Mitte der fünfziger Jahre pro Jahr nur zirka 15 Millionen D-Mark zur Verfügung. Erst 1956 und 1957 können dafür mehr als 50 Millionen DM ausgegeben werden. 1958 wird der staatliche Fonds auf über 70, ein Jahr später sogar auf 91 Millionen DM aufgestockt. „Wo die Elbe durch die Wiesen sich in weiten Bögen schwingt, wo die grünen Hänge grüßen, wo die Weiße Flotte winkt, wo sich breite Brücken strecken, wo der Zwinger sich erhebt, soll'n sich neue Häuser recken, daß mein Dresden wächst und lebt", schreibt der Schriftsteller Max Zimmering in einem Aufbaulied für Dresden. Es kann also losgehen. Zumal schon im März 1950 nach Berlin auch Dresden zur Aufbaustadt erklärt wird und spezielle Förderung in Aussicht steht. Doch wo zuerst anfangen? In Anbetracht der Innenstadt kann nur Devise sein: Zumauern und einen neuen Platz fürs Zentrum suchen. Dabei regt sich ringsum bereits wieder pralles Leben. Beim Schwof in der „Kaskade" am Käthe-Kollwitz-Ufer unterm roten Licht einer Dunkelkammerbirne oder im „Lindengarten" an der Königsbrücker Landstraße mit drei Sälen und angeblich drei Möglichkeiten („frag nicht so dumm, welche"). Dresden fängt an, sich den Trümmerstaub aus der Lunge zu spucken.

Ein einmaliges, sensationelles Zeitdokument! Fotografiert von Hans Kranke am 2. Oktober 1955 in fünf einzelnen Aufnahmen auf 6x6 Rollfilm, etwa von der heutigen St. Petersburger Straße aus. Das Panorama schlägt einen Bogen von West nach Ost und ist so nicht mehr nachvollziehbar. Zu sehen sind an bekannten Bauten ganz links der Stumpf des Annenkirchturms, daneben die qualmenden Schlote der „Aurora", des Heizkraftwerks Mitte, und weiter nach rechts das Bankgebäude an der Waisenhausstraße. Neben der Ruine auf der Altmarkt-Südseite lugen die gekappten Zwillingstürme der Sophienkirche am Postplatz hervor, weiter in Richtung Panoramamitte sieht man die noch im Bau befindliche Altmarkt-Westseite und die Türme der Hofkirche und der Kreuzkirche. Vom neuen Rathaus aus rechts weiter sind im Hintergrund die Türme des Polizeipräsidiums, im Vordergrund die Ruine der Kreuzschule und neben ihr hell leuchtend die neu erbaute Grunaer Straße zu erkennen. Und ganz rechts am Bildrand lugt hinter den Bäumen gar noch ein Stück Hygienemuseum hervor.

NAW heißt das magische Wort, das in den fünfziger Jahren Frauen wie Männer anzog, um Dresden von den Trümmern zu befreien und wieder aufzubauen. Hier haben im Herbst 1954 Verwaltungsangestellte einen Einsatz im Rahmen dieses Nationalen Aufbau-Werks am Neustädter Markt. Hinten sind der Jägerhof und das Finanzministerium zu erkennen.
Foto von Brigitte Skade

Den Ast, auf dem man sitzt, soll man nicht absägen. Dieses Sprichwort scheint diese Männer beim Abbruch von Mauern auf der Altmarkt-Ostseite innerhalb des Nationalen Aufbau-Werks nicht zu kümmern. Hauptsache, es wird schnell Platz, um Neues aufzubauen. Foto von Helmut Laskosky

Hut ab vor solchen Dresdnern wie diesen Aufbauhelfern im Sommer 1954. Nicht viel auf den Rippen und wenig Kraft, strahlen doch die Frauen und Männer inmitten der Trümmerberge an der Reißiger- und Wallotstraße ansteckenden Optimismus aus.
Fotos von Rosemarie Sevcik

Trümmerberäumung im Frühjahr 1954 in der Hechtstraße. Beim Abtransport gibt es für das vierrädrige Transportmittel mit Dieselmotor Unterstützung durch vierbeinige „Hafermotoren“. Pferdefuhrwerke sind als Helfer vor allem dort gefragt, wo es für Lastautos zu eng wird.
Fotos von Dieter Lorenz

Eindrucksvoller Anblick der Ruine des Taschenbergpalais. Der Durchblick mit kleinem Teleobjektiv auf Schloss und Semperoper ist es ebenso.
Foto von Alf Steiger

Aussicht vom Rathausturm im April 1958. Gerade fährt eine Straßenbahn über die Kreuzung Pirnaischer Platz nach Osten. Davor entsteht der Kopfbau an der Wilsdruffer Straße. Links am Bildrand sieht man einen Teil der Außenmauern des zerstörten Landhauses, in dem sich jetzt das Stadtmuseum befindet, dahinter das Polizeipräsidium und rechts davon ein Stück Kurländer Palais. Im Vordergrund die Eckbebauung an der Gewandhausstraße. Diafoto von Dr. Heinz Israel

Ebenfalls eine Aufnahme vom Rathausturm, 1956. Auch vom Gewandhaus (Eingang rechts, am unteren Bildrand verläuft die Kreuzstraße, links die Gewandhausstraße) sind nur noch die Außenmauernerhalten. Foto von Hans Petrasch

Alltäglicher Anblick im Stadtzentrum. Wo heute die Straßenbahn fährt, faucht 1950 die Trümmerbahn durch die Sophienstraße. Durch die Masse der Trümmer – 18 Millionen Kubikmeter müssen beseitigt werden – sucht Dresden nach besseren Möglichkeiten zum Abtransport, als sie die kleinen Feldbahnen bieten. So verlegte die Deutsche Reichsbahn auch in der Wilsdruffer Straße und der Schloßstraße Gleise für Schmalspurbahnen. Die Verkehrsbetriebe beteiligen sich mit speziellen Straßenbahn-Bauzügen. Markanteste Ziele der Schuttablagerungen sind die Trümmerberge an der Magdeburger Straße und der Salzburger Straße.
Foto von Frieder Delang

Das Schloss und Umgebung 1959 aus weiter Sicht von der Ostseite des Altmarktes. Rechts am Bildrand entsteht das Verkehrsmuseum neu. Foto von Helmut Laskosky

Die Schloßstraße 1957. Zu dieser Zeit machen sich Verkehrsplaner über eine breite und zügige Verkehrsführung zwischen den Industriegebieten im Norden der Stadt und den Wohngebieten im Süden Gedanken. Als Hemmnis für die vorgesehene Nord-Süd-Verbindung stellt sich ihnen das Georgentor dar. Deshalb gibt es Vorschläge, eines der Kleinode Dresdens durchgängigem direktem Straßenverkehr anzupassen.
Foto von Dr. Heinz Israel

Als diese Fotos von den Ruinen der Frauenkirche 1955 entstehen, glaubt wohl kein Dresdner ernsthaft daran, dass 50 später Jahren das Bauwerk wiedererstehen und die Salzgasse im Vordergrund neues Leben erhalten wird.

Die Reste der Ost- und Nordflügel des vormaligen Monumentalbaus. Rechts am Bildrand ist ein Stück des Coselpalais zu sehen. Diese Stätte ist heute in ihrer alten Pracht schon zu bewundern. Foto von Hans Kranke

Als Erstes werden ringsum die nicht zur Kirche gehörenden Trümmer beseitigt. Dann bietet das sprießende Gras den Schafen karge Nahrung. Schließlich wird ein Stück des Neumarktes eingeebnet und mit Büschen und Bäumen bepflanzt. Bänke laden 1958 zu Rast und Beschaulichkeit vor den Ruinen von Frauenkirche und den Gebäuden der Kunstakademie und des Kunstvereins an der Brühlschen Terrasse ein. Deren Wahrzeichen, die „Zitronenpresse", behauptet sich auch ohne Glasdach (das bekommt sie erst 1968 wieder) weiter in der Stadtsilhouette. Und die griechische Siegesgöttin wird gar wie noch nie zuvor zum Symbol der Stadt: Dresden ist zwar zerstört, aber nicht besiegt.
Foto von Alfred Schäfer

1885 wird der Protestant Luther mit einem Standbild vor der Frauenkirche geehrt. Nach der schweren Zerstörung steht es restauriert ab 1955 wieder an seinem alten Platz. Ganz im Gegenteil dazu eine Ehrung des Dresdner Bürgertums. Das hat 1831 mit einem Denkmal, das König Friedrich August II. mit einem Dokument in der Hand zeigt, an das Erringen einer neuen sächsischen Verfassung erinnert. Zu Füßen des Gotteshauses ist dafür kein Platz mehr, es wird an den südöstlichen Rand des Neumarktes verbannt (rechts). Foto von Fritz Richter

Auch diese Ansicht aus den Apriltagen des Jahres 1956 macht sowohl den Zustand der Ruinenreste als auch den gewaltigen Trümmerberg der Frauenkirche deutlich.
Foto von Fritz Richter

Was Licht ausmacht: Vom gleichen Standpunkt in der Münzgasse unter der Brühlschen Terrasse aus fotografieren Hans Kranke an einem trüben Septembertag 1955 (oben), und Werner Zobel im sonnigen Mai 1956 (unten) die Frauenkirche.

Alfred Schäfer hat seinen Fotostandpunkt auf der Brühlschen Terrasse. Alle diese Anblicke des einstigen Dresdner Wahrzeichens sollen an das Schicksal der Stadt durch die Bombardierung 1945 erinnern. Die Frauenkirche ist eindrucksvoll wieder aufgebaut, aber ein Mahnmal unfassbarer Zerstörung damit verschwunden.

Nocheinmal nahezu der gleiche Blickwinkel. Zu sehen ist hier jedoch eine Zeichnung des Malers Hermann Kohlmann aus dem Jahre 1952. Der Künstler widmete sich intensiv dem Bild Dresdens in jenen Jahren: „Zuerst zeichnete ich die anklagenden Ruinen, später die Enttrümmerung und dann den Aufbau der Stadt. Wie glücklich bin ich, ihn miterleben und täglich mit eigenen Augen beobachten zu können." Der 1907 geborene Maler und Grafiker starb 1982. Die von Edelbert Fobe zur Verfügung gestellte Zeichnung stammt aus Kohlmanns Nachlass.

Hinweis des Genossen U.

21 im Krieg zerstörte Kirchen sind ein schweres Erbe

Dresden hat ein Erbe, mit dem es sich etwas schwer tut. Es sind die Kirchen, die sich vielerorts ins Stadtteilbild recken. Durch den Krieg sind 21 mehr oder minder schwer zerstört. Darunter auch die Vierlinge im Stadtzentrum: Frauenkirche und Kreuzkirche, Kathedrale und Sophienkirche. Als Erste kann anlässlich des 10. Jahrestages der Zerstörung Dresdens am 13. Februar 1955 die Kreuzkirche die Weihe des Wiederaufbaus begehen. Die katholische Hofkirche folgt erst 1962. Die Frauenkirche jedoch zerreißt fast ein halbes Jahrhundert das Herz der Planer und Regierer der Stadt. Das Barockbauwerk für die protestantischen Bürger Dresdens prägt ab 1743 am sichtbarsten die Stadtsilhouette; auf Canalettos gemaltem Altstadtblick bildet sie das Herz. Der sensationelle Kuppelbau des Ratszimmermeisters George Bähr verblüfft die Baufachleute des 18. Jahrhunderts in aller Welt. 1945 ist die so berühmt gewordene „steinerne Glocke" nur noch ein gigantischer Haufen Steine. In sämtlichen Wiederaufbauplänen für die Innenstadt, die schon ab 1950 mit beachtlicher Phantasie ausgestattet sind, ist eine wieder entstandene Frauenkirche präsent. Doch im Laufe der Jahre nimmt die Stadt von einem solchen Vorhaben Abstand. Die Begründung ist nicht die illusorische Aussicht auf Millionenbeträge nur für den Wiederaufbau einer Kirche, sondern eine eher plausible und nachvollziehbare. Denn: Ringsum ist eine teils völlig neue Stadt entstanden, die nicht mehr an die einstige Trümmerlandschaft erinnert. So ziehen von Jahr zu Jahr mehr Dresdner am Abend des 13. Februar an die Frauenkirchenruine, um der Zerstörung der Stadt 1945 zu gedenken. Wo ist sonst noch ein solch eindrucksvolles Mahnmahl zu finden? Die politische Wende bringt auch ein Umdenken für die Zukunft des Bauwerks. Spätestens 2006, wenn Dresden sein achthundertjähriges Bestehen als Stadt feiert, wird sich die jüngste der Nachfolgerinnen von Dresdens ältester Pfarrkirche wie ihre Vorgängerin majestätisch über der Stadt zeigen. Ein solches Comeback gibt es für die Sophienkirche nicht. Weil von ihrem einstigen Standort gegenüber dem Zwinger und neben dem Taschenbergpalais kaum noch etwas zu finden ist. 1265 als Klosterkirche der Franziskaner erstmals erwähnt, bekommt sie dank der Witwe von Kurfürst Christian I., Sophie, 1602 eine Instandsetzung und erfährt nun Nutzung als Begräbniskirche und Begräbnisstätte wohlhabender Bürger. 135 Jahre später wird die Sophienkirche sogar zur evangelischen Hofkirche erhoben. Die Bombennacht des Februar 1945 macht sie zur Ruine. Die Stümpfe der beiden neogotischen Türme – einer von ihnen hält sich noch eine Weile einsturzgefährdet aufrecht – aber warten 17 Jahre lang hoffnungsfroh auf einen Wiederaufbau. Und tatsächlich: Mitte der fünfziger Jahre kommt Walter Ulbricht, stellvertretender Ministerpräsident und 1. Sekretär des Zentralkomitees der SED, nach Dresden und lässt sich am Modell den geplanten Wiederaufbau des Stadtzentrums erklären. Überraschend weist die modellierte Innenstadt der Zukunft sowohl die markante Kuppel mit Turm einer neuen Frauenkirche als auch die filigranen Zwillingstürme der Sophienkirche auf! Ulbricht hat 1956 nichts gegen diese Wiederaufbauvorhaben einzuwenden. Im Juli 1958 tagt der V. Parteitag der SED in Berlin. Nach seinem Referat trifft sich Ulbricht mit den Dresdner Delegierten. Er lässt sich den neuesten Stand zum weiteren Ausbau des Altmarktes erläutern. In diesem Zusammenhang sagt er:„Genossen, ihr solltet bedenken, dass vor allen Dingen die Sophienkirche ein Sicherheitsrisiko beim zügigeren Verkehr vom und zum Postplatz ist. Ihr solltet sie wegnehmen". – Fünf Jahre später ist der Hinweis des Genossen U. befolgt.

Auf dem oberen Foto ist von der Südseite der Wilsdruffer Straße aus gesehen die Sophienkirche durch die imposanten Bauwerke des Schauspielhauses und des Glockenspielpavillons des Zwingers eingerahmt. In dem hellen Flachbau in der Bildmitte befindet sich eine Lebensmittelverkaufsstelle der HO. Im unteren Foto steht die Kirche Angesicht zu Angesicht mit dem „Palast-Hotel Weber“. Fotos von Martin Schwalbe

Am Ende der fünfziger Jahre sind etwa an der Ecke Wilsdruffer Straße-Postplatz-Schweriner Straße die Ruinen beseitigt und die Trümmer weggeräumt. Den nun folgenden Aushub der Baugruben nimmt die Sophienkirche standhaft hin. Schließlich hofft sie auf ihren Wiederaufbau. Links von ihr das „Palast-Hotel Weber", daneben die Schlote des Heizkraftwerkes Mitte.
Foto von Horst Hanschke

Der Kamerablick aus der Annenstraße im Jahre 1955 von Hans Kranke zeigt hinter der Sophienkirche ein tolles Turmpanorama mit der Hofkirche, dem Hausmannsturm, den Schlosstürmen und der Kuppel der Kunstakademie.

Die Kreuzung Ostra-Allee/Sophienstraße 1956. Gegenüber der Sophienkirche wirken Zwinger und Schloss wie filigrane Bauten. Der rechte Kirchturm hatte noch bis etwa 1946 seine stark einsturzgefährdet Spitze behauptet. Die durchbrochenen „Zuckertüten“ auf den Zwillingstürmen bieten bis zur Zerstörung der Kirche eine gewisse architektonische Leichtigkeit. Diafoto von Peter Kunze

Am Postplatz 1959. Von damaligem Anblick sind heute noch zu sehen (von links): der Glockenspielpavillon des Zwingers, das Informationscenter „Käseglocke“, die katholische Hofkirche und das Schloss. Foto von Helmut Laskosky

Ungewöhnlicher Blick auf einen Teil der Sophienkirche, aufgenommen 1959 aus einem Keller an etwa der Stelle, an der die ehemalige Großgaststätte „Am Zwinger", der „Fresswürfel", erbaut wird. Das Gedenken an die 1962/63 abgebrochene Kirche hält der eingetragene Verein „Gesellschaft zur Förderung einer Gedenkstätte für die Sophienkirche Dresden" aufrecht. Am einstigen Standort der Kirche befindet sich eine Gedenktafel, in der Gewölbegaststätte „Sophienkeller" steht ein Modell des früheren bedeutenden Sakralbaus.
Foto von Hans Kranke

Signet des Vereins „Gesellschaft zur Förderung einer Gedenkstätte für die Sophienkirche Dresden"

Keine Grüße aus Athen

Mit monumentalen Gebäuden gegen die Städtebau-Charta

„Der Mensch muß der Maßstab für alle Größenbestimmungen im Plan der Stadt sein. Die Schlüssel zum Städtebau liegen in den vier folgenden Funktionen: wohnen, arbeiten, sich in der Freizeit erholen, sich bewegen. Die Wohnung muß das Zentrum der städtebaulichen Bestrebungen sein." Das sind nur einige wenige der Kernsätze, die Architekten aus 20 Ländern als Ergebnis ihres Kongresses über die „funktionelle Stadt" im Jahre 1933 in einer „Charta von Athen" festlegen. Der Ministerrat der DDR wirft diese Richtlinien im Sommer 1950 in den Papierkorb und diktiert eine eigene Charta mit „16 Grundsätzen des Städtebaus". Punkt sechs heißt darin: „Das Zentrum der Stadt wird mit wichtigsten monumentalen Gebäuden bebaut, beherrscht die architektonische Komposition des Stadtplanes und bestimmt die architektonische Silhouette der Stadt". Für Dresdens neu zu bebauenden Altmarkt droht dadurch, dass auf seiner Nordseite ein die Kathedrale und die Frauenkirche überragendes 124 Meter hohes „Haus der Werktätigen" und an seiner Südseite ein 400- bis 500-Betten-Hotelkomplex („mit schönen großen Terrassen", wünscht sich Walter Ulbricht) entstehen sollen.

Beide Vorhaben werden glücklicherweise durch die Zeit weggewischt. Aber losgehen muss es erst einmal. Schließlich hat das SED-Politbüro beschlossen: „... mit dem Aufbau des Marktplatzes in Dresden muß 1953 begonnen werden". Ein Wettbewerb, an dem sich etwa 50 Architekten mit Entwürfen beteiligen, soll Realisierbares erbringen. Die klar und eindeutig formulierte Zielstellung lautet: „Der Altmarkt muß sein Gesicht dadurch verändern, daß er zum Aufmarschplatz einer Stadt von einmal 600 000 Einwohnern wird, und nicht mehr Kaufhäuser, Banken und Verwaltungen den Maßstab bestimmen." Vor der Zerstörung 1945 ist der zentrale Platz der Stadt 100 mal 130 Meter groß. Die Neuaufbaupläne sehen eine Vergrößerung der Fläche von 1,3 auf 3,4 Hektar vor. Das bedingt mehr Raum nach Süden hin und nach Osten bis auf Höhe der Kreuzkirche, die vorher hinter der alten Altmarktbebauung stand. Walter Weidauer, Dresdens Oberbürgermeister von 1946 bis 1958, begründet die Diskussionen um das Warum mit „Freimachen von den Spuren der Vergangenheit als Läuterungsprozess". Gibt es da einen Bezug zu seiner Äußerung in einem kleinen Kreis, dass das Stadtzentrum gegenüber der Enge des vorherigen deshalb so weitläufig gebaut werden soll, damit in einem neuen Krieg nicht wieder so viele Menschenopfer zu beklagen sind? Fritz Löffler, der 1955 mit seinem Buch „Das alte Dresden" den Dresdnern ihre Stadtbibel schenkt, bezeichnet die Zerstörung des Altmarktes in seiner alten Größe als völlig unverzeihlich und ganz große Sünde. Es sei für ihn rätselhaft, wieso ein Markt, der jahrhundertelang wie eine Halle ohne Dach funktionierte, zu einem großen Abstellplatz für Autos werden musste.

180 Frauen und Männer beginnen am Ende des Jahres 1952 im Zwei-Schicht-System an der Westseite des Altmarktes mit dem Enttrümmern und dem Ausheben einer 300 Meter langen, mehr als 18 Meter breiten und vier Meter tiefen Baugrube. Aus ihr soll das erste Bauwerk für einen neuen Marktplatz des Stadtzentrums wachsen. Entworfen von Johannes Rascher, Architekt im Entwurfsbüro für Hochbau Dresden. Die Ostseite projektiert sein Kollege Herbert Schneider. 1956 kann der inzwischen zum Chefarchitekten der Stadt erkorene Schneider ausplaudern, dass beide Altmarkt-Bebauungen errichtet werden konnten, ohne sie einem Generalbebauungsplan für das Zentrum unterwerfen zu müssen. Dresden hat nämlich bis dahin immer noch keinen zustande gebracht – Athen könnte also doch noch grüßen.

Im Sommer 1958 nimmt das neue Stadtbild Dresdens langsam Konturen an. Beim Stadtbummel sind auch die neuen Stadtpläne zu entdecken. Deren hauptsächliches Anliegen ist es, die neu entstandenen und noch entstehenden Wohngebiete zu zeigen. Es sind die dunklen Flächen, die auf den Originalplakaten in Ziegelrot leuchten.
Foto von Frieder Delang

Eine Aufnahme von 1953, über die selbst ältere Dresdner rätseln dürften. Denn es sind gedanklich gleich drei Baukomplexe zu durchdringen: die heutigen Wallstraßen-, Webergassen- und die Altmarkt-Westseite-Bebauungen. Standort ist die Marienstraße, und zu sehen sind Richtung Osten von links nach rechts eine Hausruine und das zum ersten HO-Warenhaus ausgebaute Gebäude an der Wilsdruffer Straße, ein Turm des Polizeipräsidiums Schießgasse, eine Kaufhausruine der Altmarkt-Ostseite, stehen gebliebene Bauten an der Gewandhaus- und Kreuzstraße, die Kreuzkirche und das neue Rathaus. Foto von Gerd Kempe

Der Aufbau des Altmarktes hat auf seiner Westseite am 31. Mai 1953 mit der Grundsteinlegung begonnen. Das Vorhaben von Dresdens Chefarchitekturbüro zum „Kampf um eine neue deutsche Architektur" ist gestartet. Bis zum Dr.-Külz-Ring entsteht ein siebengeschossiger Riegel mit Rundbogenarkaden in alter Bauflucht der Seestraße. Als im September 1955 die Gerüste fallen, wird mit den noch hell strahlenden Sandstein-Putzfassaden die angestrebte Referenz an die Dresdner Barocktraditionen deutlich. Auch die Laterne über dem Durchgang zur Webergasse ist die gleiche Krönung wie auf der Frauenkirche und dem alten Rathaus am Altmarkt. Heute finden die so wohl überlegt dem Barock entlehnten Gestaltungselemente, wie auch Erker, Sandsteinplastiken, Schmuckgitter und anderes mehr, leider kaum noch würdige Beachtung. Fotos von Gerd Kempe/Peter Leuter

Keine Verwechslung: Es ist der Gänsediebbrunnen aus der Weißen Gasse. Die von Robert Diez geschaffene Anlage erhält 1880 ihren Standort auf dem Ferdinandplatz. Erst 1961 erfolgt ihr Umzug an den heutigen Standort. Foto von Fritz Richter

Vom Dr.-Külz-Ring aus wirkt 1956 die westliche Altmarktbegrenzung sehr leichtfüßig. 20 Jahre danach gibt es von Seiten der Stadt ganz andere Wertungen: „Die am Altmarkt angewandte Bauweise bleibt nicht unwidersprochen. Besonders an den beiden Eckbauten tritt der Kontrast zwischen der historisierenden Architektur und dem Gegenwartsanspruch auf Zweckmäßigkeit hervor. Ein Neuaufbau der Stadt ist also nur mit dem Einsatz moderner Baustoffe und folglich modernen Bauformen und geringeren Kosten zu bewältigen“, heißt es 1976. Am 1. Juli 1955 öffnen mit dem Herrenbekleidungshaus „Pinguin“ und der Volksbuchhandlung die ersten Geschäfte am neuen Altmarkt.
Foto von Fritz Richter

Die Bebauung der Ostseite des Altmarktes beginnt ebenfalls mit dem Abbruch der Ruinen. Hier ist es die von „Seiden-Schneider“ an der Großen Frohngasse, die zwischen Wilsdruffer Straße und Kreuzgasse verläuft. Das sechsstöckige Kaufhaus des Dresdner „Seiden-Königs“ Carl Schneider hat den Bomben getrotzt.
Foto von Hans Petrasch

Der Bau des Gaststättenkomplexes „Haus Altmarkt“ ist das letzte Vorhaben für die neue Altmarkt-Ostseite. Begonnen wird etwa ab der ehemaligen Großen Frohngasse Richtung Kreuzkirche. Im Gegensatz zur 183 Meter langen Westseite wird an der nur 99 Meter langen Front der Ostseite – außer vor dem „Altmarkt-Café“ – auf Arkaden verzichtet. Als erstes neues Geschäft zieht am 3. Oktober 1955 ein Industrieladen des späteren VEB Herrenmode Dresden ein. Foto von Peter Leuter

Wie im Baukasten nebeneinander gestellt wirken Altmarkt-Ostbebauung und Kreuzkirche. Da nach ersten Plänen nur die Nordseite des Altmarktes zu Füßen des geplanten 124 Meter hohen Kulturhochhauses zwischen Schloßstraße und Galeriestraße zum Aufmarschplatz werden soll, wird die ursprüngliche Platzfläche trapezförmig nach Osten hin überdimensioniert verbreitert. Foto von Dr. Peter Müller

Noch zwei sehr interessante Blicke auf die neu entstandenen Bauten am Altmarkt. Der Maler und Grafiker Hermann Kohlmann hat sie 1953 mit Bleistift gezeichnet (rechts) und mit Ölfarben gemalt (1957).

Auch diese zwei persönlichen Glückwunschkarten zum Jahreswechsel stammen aus der Feder von Hermann Kohlmann. Der Absolvent der Dresdner Kunstakademie und langjährige Gemälderestaurator bringt seinen Wunsch nach Glück und Frieden für die Dresdner zum Ausdruck. Edelbert Fobe hat die abgebildeten Werke Kohlmanns aus dem in seinem Besitz befindlichen Nachlass des Künstlers für dieses Buch zur Verfügung gestellt.

Die neue Wilsdruffer Straße, die am 10. Jahrestag der Ermordung Ernst Thälmanns am 18. August 1954 zwischen dem Postplatz vorn und dem Pirnaischen Platz in 740 Metern Entfernung in Ernst-Thälmann-Straße umbenannt wird. Zu diesem Zeitpunkt hat sie noch nicht diese überdimensionierte Breite. Die bekommt sie 1955 eher zwangsläufig. Die Wilsdruffer Straße ist so schmal, dass beim Aufstellen von Kränen für den Bau des neuen Kaufhauses an der Ecke der Altmarkt-Westseite die Straßenbahndurchfahrt gesperrt werden müsste. Also entsteht bis 1958 eine neue Straße mit 8,70 Meter breitem Gleisbett in der Mitte und jeweils neun Meter breiten Fahrbahnen. Mit elf bis 15 Meter breiten Fußwegen wird die Ost-West-Magistrale insgesamt zu einer 50 Meter breiten Schneise, die sich nun ideal für Aufmärsche anbietet. Foto von Karl-Heinz Herberger

Fast der gleiche Blick wie nebenstehend. Aber hier ist am Altbau des ersten HO-Warenhauses ein Symbol für eine große Aktion 1959 deutlicher zu sehen: die Siebenmeilenstiefel-Bewegung. Ins Leben gerufen von Görlitzer Maschinenbauern, um unter der Losung „Taten braucht unser Plan – zieh´ Siebenmeilenstiefel an“ die Beschlüsse des 7. Plenums des ZK der SED schnell umzusetzen. In einem Vierzeiler zu dieser DDR-weiten Initiative heißt es: „Die Siebenmeilenstiefel tragen, die werden die zum Teufel jagen, die ewig noch in Latschen gehen und hemmend uns im Wege steh´n.“ Foto von Martin Schwalbe

Im östlichen Teil der Wilsdruffer Straße konzentrieren sich die Bauvorhaben zwischen 1954 und 1958 in Höhe Weißer Gasse (linkes Haus). Diese Aufnahme von 1956 aus Höhe Gewandhausstraße bietet Blicke zum Hausmannsturm und zur Hofkirche, und dazwischen steht die leere Fassade des Johanneums. Rechts der Turm des Ständehauses an der Augustusstraße.
Foto von Fritz Richter

1958 ist der Bereich Weiße Gasse bis zum Altmarkt fertig und bis zum Pirnaischen Platz vor vollständiger Vollendung. Nun beginnt das Bauen auf der nördlichen Seite der Wilsdruffer Straße. Foto von Martin Schwalbe

Nach 1956 nun 1959 wieder ein Blick vom Rathausturm auf die Gewandhausstraße. Das Gewandhaus rechts vorn und das Landhaus oben zeigen sich nach wie vor in ihrem ruinösen Zustand. Der Bau neuer Wohnungen und Läden aber ist beendet. Allein in dem Block zum Pirnaischen Platz hin sind 68 Wohnungen, drei Ateliers und sieben Geschäfte für fast sieben Millionen DM entstanden.
Foto von Frieder Delang

Der Blick vom Rathausturm 1959 nach Westen macht die Größe des L-förmigen Baus von Wohnungen und Ladenstraßen zwischen Schloßstraße und Postplatz deutlich. Er zeigt aber auch nachhaltig die unverständliche Weite eines leeren Altmarktes.
Foto von Frieder Delang

Wie ein anklagender Finger steht der Rathausturm fast unversehrt, während zu seinen Füßen einst prächtige Gebäude nur noch als Ruinen erhalten sind. Ganz rechts das völlig zerstörte Gewandhaus. Die Christianstraße im Vordergrund ist als eine der ersten Magistralen von den Trümmern beräumt. Die große freie Fläche dient noch 1958 als Gelände für das Pressefest.
Foto von Fritz Richter

Die Christianstraße 1956 Richtung Süden. im Hintergrund der Hauptbahnhof. Rechts verläuft die Prager Straße.
Foto von Fritz Richter

Die Nordseite des Rathauses an der Ecke zur Kreuzstraße 1956. Eine Litfaßsäule ist wieder aufgestellt und Rabatten sind mit Bäumen und Sträuchern bepflanzt. Von einem Wiederaufbau des Festsaalflügels aber ist noch nichts zu sehen. Erst Ende 1959 (Foto rechts) sind die Nord- und Südecke eingerüstet, hat der Ausbau begonnen. Zu dieser Zeit ist die Wilsdruffer Straße/Pirnaischer Platz schon bis zur Ringstraße (rechter Bildrand) bebaut. Fotos: Walter Holfert/Frieder Delang

Fast ein idyllisches Bild: die Rathaus-Ostseite 1955 von Bäumen umrahmt. Mit dem Neuaufbau des Festsaalflügels wird erst 1962 begonnen.

Wie verloren steht 1955 mutterseelenallein nur noch der Gänsediebbrunnen an der Viktoriastraße am Ferdinandplatz. Fotos von Hans Kranke

Ein Foto mit Seltenheitswert: 1950 wagt sich Hans Kranke in die Ruinen der Kreuzschule und fotografiert durch einen der sieben Torbögen das Rathaus und den Turm der Kreuzkirche. Der vierflügellige neogotische Bau der Kreuzschule stand am Georgplatz.

Fünf Jahre später fotografierte Hans Kranke vom nun schon neu gestalteten Georgplatz erneut in diese Blickrichtung.

Der Begriff „Neues Rathaus“ für den neu aufgebauten Flügel am Dr.-Külz-Ring bleibt einige Jahrzehnte lang erhalten. In der Tat zeigt sich die Fassade der Eingangsfront ab 1952 gegenüber dem früheren Bau stark verändert. Die Dachreiter sind weg, dafür ist die vierte Etage ausgebaut, und die gesamte Fläche hat helle Sandsteinverkleidung bekommen, wodurch sie mehr Ruhe ausstrahlt. Zu dieser Zeit haben schon wieder 700 Verwaltungsangestellte des Rathauses dort ihre Arbeit aufgenommen. Foto von Helmut Jacobi

Dresdens erstes Neubaugebiet 14 Jahre nach der Zerstörung der Stadt 1945 im Blick vom Rathausturm.

Hier an der Grunaer Straße (Aufnahme aus dem Jahr 1957) fällt der Startschuss für den Wiederaufbau. Erstes Baufeld ist zwischen der Zirkus- und der Mathildenstraße, zweiter Abschnitt ab Mathildenstraße bis zur Blochmannstraße.
Fotos von Frieder Delang

„Hinter den Kulissen“ an der Grunaer Straße zwischen Dezember 1952 und Mai 1953. Weibliche Maurerlehrlinge üben sich am Spitzen von Sandsteinquadern. Beim genauen Hinschauen sind Ähnlichkeiten zu heute erkennbar: Die jungen Frauen tragen die umfunktionierten Schweißerbrillen als Schmuck lässig auf dem Kopf und nicht etwa als Schutz vor Steinsplittern vor den Augen. Foto von Wolfgang Henke

Küken kontra Huhn

Im ersten Aufbauplan spielt derWohnungsbau eine geringe Rolle

Die scheinbar ewige Frage nach dem Ursprung von Huhn oder Ei wird Anfang der fünfziger Jahre in Dresden beantwortet. Während noch 1953 eine Henne über der Gestaltung des Stadtzentrums brütet, ist an dessen Rande schon im Jahr zuvor ein Küken geschlüpft. Am 2. Januar 1952 nehmen der Lokführer Paul Lachmann und der Dozent an der Technischen Hochschule Herbert Ulbrich ihre niegelnagelneuen 70 Quadratmeter großen Dreiraumwohnungen in Besitz. Sie gehören zu den Mietern, die an der Grunaer Straße/Zirkusstraße Dresdens erste neu gebaute Wohnungen nach dem Krieg beziehen können. Am 22. April 1951 ist hierfür der Grundstein gelegt worden – auf dem Altmarkt geschieht das erst am 31. Mai 1953. Anlässlich des siebten Jahrestages der Zerstörung Dresdens sind in diesem ersten Neubaugebiet zwischen Zirkus- und Mathildenstraße schon 128 Wohnungen bezugsfertig und 78 kurz davor. 350 sollen es insgesamt werden.

Weshalb hat man für den Aufbaustart die Grunaer Straße ausersehen? Die eng bebaute Pirnaische Vorstadt ist nach dem Bombenangriff eine Geisterstadt aus Ruinen. Sechs Jahre danach sind zwischen Pirnaischem Platz und damaligem Stübelplatz große Flächen restlos beräumt. Eine Neubebauung bietet sich also an dieser Stelle an, da es noch keine grüne Wiese ist, nach der die heilige Kuh namens Stadtzentrum ihre Zunge streckt. Dennoch gehört das Gelände zur Innenstadt, die mit dem Begriff 26er Ring nach der dort fahrenden Straßenbahnlinie 26 neu definiert wird und von Albertplatz bis Wiener Platz sowie jetzigen Straßburger Platz und der Eisenbahnlinie Hauptbahnhof-Neustädter Bahnhof reicht.

Höchster Respekt vor ihrem Mut und Optimismus ist jenen Dresdnern zu zollen, die nach Kriegsende Verantwortung für die Stadt übernahmen. In einer Situation, die bereits heute kaum noch und von künftigen Generationen überhaupt nicht mehr vorstellbar ist: Die Menschen hatten nichts, es gab nichts, und ringsum war nur trostlose Trümmerlandschaft.

Wer kann da an eine Zukunft glauben? Doch schon am 5. Januar 1946 gibt der Rat der Stadt der Dresdner Bevölkerung mit einem Aufbauplan einen Hoffnungsschimmer, gestützt mit 80 Millionen DM. Geplant, bestaunt, gewartet – eine Realisierung steht leider lange am sternenlosen Dresdner Nachthimmel. Denn in diesem ersten Aufbauplan und auch in den ihm folgenden Architekten- und Stadtplanervorschlägen geht es fast ausschließlich um den Wiederaufbau von Monumenten und wichtigen Straßen des historischen Stadtkerns. Dass erst einmal die Menschen dieser Stadt eine neue Bleibe brauchen, spielt nicht die dominierende Rolle.

Wer weiß, wie die Wilsdruffer Straße mal verläuft, mag sich die Architektengruppe Klemm denken, als sie die Entwürfe für den Beginn des Neuaufbau Dresdens vorbereitet und an der Grunaer Straße fixiert. Ein Blick in alte Stadtpläne zeigt nämlich, dass der erste Grundstein nicht in direkter Verlängerung der Wilsdruffer Straße – auch nicht in deren späterer Verbreiterung – gelegt wurde, sondern an der Stelle, wo eine verlängerte Landhausstraße auf die damals noch schmale Grunaer Straße trifft. Was hier an deren Nordseite entsteht, ist für Dresden und viele andere Städte einmalig. Die fünfstöckigen Wohnbauten werden in noch traditioneller Bauweise größtenteils aus Abbruchziegeln errichtet und durch Torbögen, Erker und Loggien aus Sandstein aufgelockert. Läden im Erdgeschoss, schöne Grünanlagen hinter der Rückseite und künstlerische Plastiken auch an den Putzfassaden bilden ein heute noch so zu bestaunendes Ensemble.

Frierend, aber zufrieden mit dem Geschaffenen, stehen weibliche Bauleute vor Sandsteinmauern an der Grunaer Straße, die aus den von ihnen vorher mühevoll bearbeiteten Quadern gesetzt sind.

Gruppenbild mit Mann im Hintergrund. Bei so viel charmanter Ausstrahlung der Frauen wie auf diesem Foto kann noch jeder Urenkel auf sie im heutigen Omi-Alter stolz sein. Fotos von Wolfgang Henke

Auch diese unbekannten Frauen und Männer waren von Anfang an beim Aufbau der Stadt dabei. Übrigens beträgt noch fünf Jahre später, 1957, das zahlenmäßige Verhältnis zwischen Frauen und Männern in Dresden 130 zu 100.

Die Arbeit auf dem Bau ist nicht gerade der ideale Frauenberuf. Beim Aufbau Dresdens in den fünfziger Jahren blicken wie hier an der Grunaer Straße die Jugendlichen trotz der sehr anstrengenden Arbeit dennoch glücklich in die Kamera.
Fotos von Wolfgang Henke

Ein längst nicht mehr nachvollziehbarer Blick aus dem Jahre 1952 von der Güntzstraße zum Hygienemuseum. Im Vordergrund die Seidnitzer Straße.

Mit etwas Phantasie ergeben dieses und das Foto auf der Seite 68 eine Panoramaaufnahme vom Beginn des Baus an der Blochmannstraße/Erich-Weinert-Straße, der heutigen Mathildenstraße, in Weiterführung des Baugebietes Grunaer Straße. Beide Fotos sind unweit der Berufsschule Bau in Nähe des Straßburger Platzes aufgenommen worden. In der Güntzstraße 3 beginnt schon 1951 der erste Neubau einer Schule, die am 1. September 1952 eingeweiht wird. Fotos von Peter Kunze

Bauarbeiter Peter Kunze kann nicht nur fotografieren, sein Hobby ist ebenso das Zeichnen. Dank dieser Gabe hier ein einmaliger Eindruck von den Phasen des Aufbaus 1952 an der Grunaer Straße, auf der in Bildmitte gerade eine Straßenbahn zum Straßburger Platz fährt. Deutlich sind von links die Güntzstraße, die Blochmannstraße, die jetzige Mathildenstraße und weiter die Blüherstraße mit dem Hygienemuseum sowie rechts die Prager Straße und der Hauptbahnhof im Hintergrund zu erkennen.

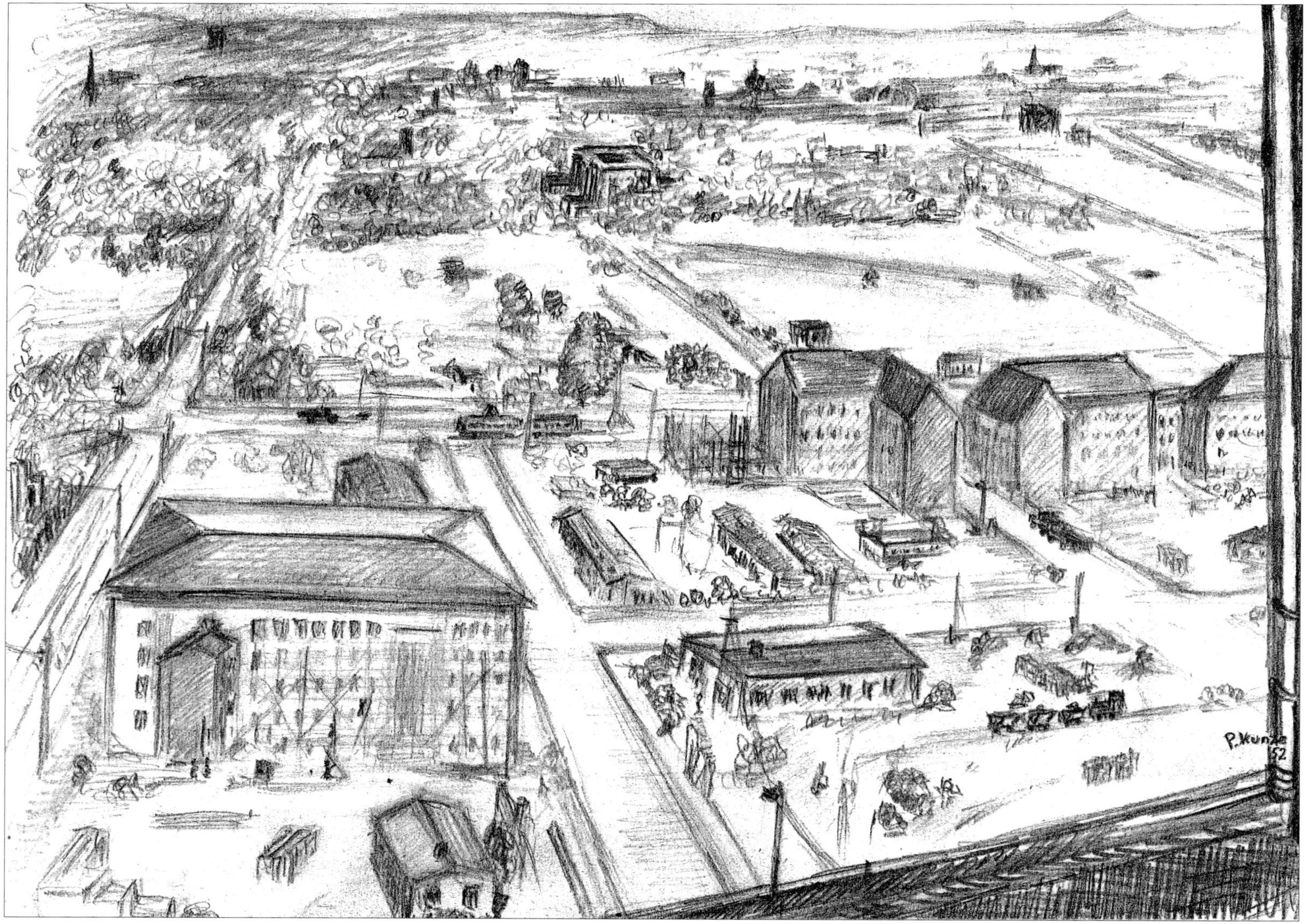

Wie es in den kargen Unterkünften der Bauarbeiter 1952 aussieht, hat Peter Kunze ebenfalls mit dem Bleistift festgehalten.

Die neue Borsbergstraße ist im Entstehen, hier die stadtwärtige linke Seite. Gesehen vom Standort des Betonwerkes Striesen an der Müller-Berset-Straße. Fotos von Peter Kunze

Ein Zeitdokument von 1957 an der Borsbergstraße zum Genießen: So sehen die ersten Großplatten aus Ziegelsplittbeton aus, die die herkömmliche Ziegelbauweise in Dresden ablösen.

Premiere auf der Borsi

Ziegelsplittblöcke begründen den industriellen Wohnungsbau

„Fast alles hat sich geändert, und fast alles ist sich gleich geblieben“, notiert Erich Kästner 1957 seine Erinnerungen nach einem Besuch seiner Heimatstadt Dresden. Mag Teil zwei der Notiz für die nicht so arg betroffene Neustadt, seinen Geburtsort, zutreffen, dann gilt aber Teil eins für einen großen Bogen der Altstadt, der sich von der Pirnaischen Vorstadt über die Johannstadt, Striesen, Gruna und die Südvorstadt bis zur Seevorstadt zieht. Hier entsteht ein Teil Dresdens ganz neu. Für einige Bauarbeiterlehrlinge, die ihre theoretische Ausbildung in einer ebenfalls neuen Berufsschule an der Seidnitzer Straße/Güntzstraße erhalten, geht 1954 ein Stück Abenteuer zu Ende. Der an der Ecke Güntzstraße/Pillnitzer Straße von den Bomben unversehrte Turm der Johanneskirche, wo heute das St. Benno-Gymnasium steht, wird abgerissen. Bis dahin dient er den Jugendlichen in der Mittagspause als gefährlicher Ausguck. Aus den oberen Turmfenstern blickend fühlen sie sich wie in einem Flugzeug. Die nach Ost und Süd weit übersehbaren Flächen ähneln Rollfeldern eines Flugplatzes. Auf einem Stück von ihnen findet 1956 ein Wandel statt. Wird bisher Bauarbeitern ein 1-1-1-System – ein Stein, ein Kalk, ein Bier – nachgesagt, so gilt künftig 1-4-1. Dahinter verbirgt sich: ein Kranführer, vier Arbeiter, eine ganze Wand. An der Borsbergstraße hat am 13. April 1956 die Ziegelsplitt-Großblockbauweise ihre Dresden-Premiere. Gleich um die Ecke in der Müller-Berset-Straße werden die Trümmer der Ruinen in Ziegelsplitt zermahlen und zu Leichtbetonblöcken gepresst. Diese revolutionäre Methode begründet den industriellen Wohnungsbau in Dresden. Mit dem Bau von zunächst 191 Wohnungen wird ab der Tittmann-/Borsbergstraße begonnen. Wenn alles wie gewünscht läuft, können nun an einem Tag durch zehn Leute im Zweischichtsystem etwa 130 solch vorgefertigter Elemente versetzt werden. Ende Mai sind bereits 60 Wohnungen rohbaufertig. Die neue Methode bringt auch eine enorme Einsparung von Maurern, Zimmerleuten und Hilfskräften. Denn in der herkömmlichen Ziegelbauweise sind für jedes Team 42 dieser Arbeiter notwendig. 1959 bekommt mit der Borsbergstraße 14 bis 32 und 19 bis 33 zum ersten Mal ein Stadtteil, Striesen, ein komplett neu errichtetes örtliches Zentrum. Zwischen der Krenkelstraße und der Tittmann-/Müller-Berset-Straße sind fünfgeschossige Bauten mit Zwei-, Drei- und Vierraumwohnungen und abwechslungsreichen Ladenzeilen in den Erdgeschossen entstanden. Ihren krönenden Abschluss bilden an der Tittmannstraße eine Gaststätte, die unter dem Namen „Café Borsberg“ am 1. September 1959 öffnet, und an der Müller-Berset-Straße ein achtstöckiges Appartementhochhaus, das in den folgenden Jahren an vielen anderen Stellen der Stadt gleiche oder ähnliche Nachfolger bekommt. Die südliche Straßenseite wird durch Bäume und Bänke zu einem idyllischen Promenadenbereich. Seitdem ist fast ein halbes Jahrhundert mit Tiefen und Höhen durchs Land gezogen, aber dieses Stück „Borsi“ hat als architektonisch-städtebauliches und funktionelles Ensemble noch immer seinen unverwechselbaren Charme. Nur das „Café Borsberg“ hat darin leider keine Chance mehr gefunden. Stadtauswärts wird die Borsbergstraße/Schandauer Straße noch bis in die siebziger Jahre hinein links und rechts mit hellen Neubaublöcken bebaut. An der südlichen Ecke zur Bergmannstraße jedoch steht bis in die heutige Zeit ein grau-brauner Koloss. In diesem ehemaligen „Kaufhaus Kittel“ eröffnet im Mai 1950 die volkseigene Handelsorganisation HO das erste Kaufhaus nach dem Krieg. In dem mehrstöckigen Bau werden Textilien, Schuhe und Lederwaren, Teppiche, Gardinen und Deko-Stoffe sowie Haushaltswaren und feinmechanische Erzeugnisse angeboten.

Es ist noch zum Bestaunen: An der Ecke zur Müller-Berset-Straße entsteht 1959 mit dem Aufbau der Borsbergstraße nicht nur Dresdens erstes Appartementhaus, es ist zugleich das erste Single-Hochhaus der Stadt.

Gegenüber dieser neuartigen Junggesellen-Wohnstätte wird am 1. September 1959 das „Café Borsberg" eröffnet. Es ist zugleich die erste von noch mehreren entstehenden Wohngebiets-Gaststätten in Dresden. Das Café hat 100 Plätze im Lokal und 50 bis 60 auf der Veranda. Der Clou: Bei schönem Wetter kann auf Knopfdruck die trennende Glaswand verschoben und die Einrichtung zur Freiluft-Gaststätte werden.
Fotos von Alf Steiger

Mit Eis am Stiel vor Perlen am Ring. Im Sommer 1959 interessieren sich zwei attraktive Dresdnerinnen für die attraktiven Angebote im Schaufenster eines Schmuckladens auf der Borsbergstraße.

Ebenfalls auf der neu entstandenen Borsbergstraße wird 1959 Dresdens erster Schreibwarenladen mit Selbstbedienung eröffnet. Fotos von Alf Steiger

… und die Bauarbeiter-Karawane zieht weiter. Nach Striesen wird der Aufbau der Johannstadt, beginnend hier an der Canalettostraße, in Angriff genommen. Für Striesen und Johannstadt sind von 1959 bis 1961 mehr als 2 900 Wohnungseinheiten konzipiert. Insgesamt für die Stadt sieht der Planungszeitraum den Bau von 16 200 neuen Wohnungen vor.
Foto von Alf Steiger

Auch in der Seevorstadt geht es voran. Beträgt die Bevölkerungsdichte hier bis 1945 rund 900 Einwohner auf einem Hektar Fäche, so wird bei der Planung dieses Aufbaugebietes nur noch eine Dichte von 480 Einwohnern pro Hektar vorgesehen. Zu der Entscheidung für eine lichtere Bebauung hat wohl die Meinung beigetragen, dass „der anglo-amerikanische Generalstab den Angriffsplan auf Dresden so angelegt hatte, daß durch den beabsichtigten Feuersturm der Zivilbevölkerung die Flucht aus den engen Straßen und Gäßchen der brennenden Innenstadt unmöglich gemacht werden sollte. Das ist auch eingetreten.“ – Zitat des Oberbürgermeisters Walter Weidauer. Foto von Frieder Delang

In der Seevorstadt erfolgt ein weiterer Schritt zur Modernisierung des Wohnungsbaus. Hier werden 1959 erstmals Häuser in Großplattenbauweise errichtet. Damit gehört das Bauen mit Ziegelsplitt-Blöcken, die auf der Borsbergstraße Premiere hatten, der Vergangenheit an.
Foto von Frieder Delang

Zurück ins Jahr 1952. Da sieht es am Nürnberger Ei und an der Nürnberger Straße so aus. Nur die Bäume spenden etwas Trost für die Augen.
Foto von Hans Kranke

Der gleiche Blick über die Gleis-
schleife Nürnberger Ei wie auf der
vorhergehenden Seite, aber nun
ein paar Jahre später.
Foto von Hans Kranke

In den Block Nürnberger Straße 28 a und b kann am 1. Februar 1958 eingezogen werden. Hier an der Nürnberger Straße war im Mai 1954 die größte Volksbaustelle des Nationalen Aufbau-Werks in einem Stadtbezirk ins Leben gerufen worden. In diesem Wohn- und Geschäftszentrum sollen fast 500 Wohnungen entstehen. Foto von Helmut Reißaus

Das am 1. Oktober 1958 eröffnete Restaurant „Nürnberger Ei“ zählt zu den bekanntesten Gaststätten Dresdens. Es ist wegen seiner Raummöglichkeiten für Brigadefeiern mit Tanz sehr beliebt. Nach mehr als vier Jahrzehnten Verschleiß wird die einstige HO-Gaststätte dann abgerissen.
Foto von Helmut Reißaus

Um den Aufbau der Südvorstadt auch Richtung Innenstadt mit geplanten 600 Wohnungen zu beschleunigen, wird die Volksbaustelle Nürnberger Straße erweitert (Aufnahme von 1952). Auf ihr werden täglich bis zu 500 freiwillige Aufbauhelfer erwartet. Foto von Hans Kranke

Die Einsatzfreude der Dresdnerinnen und Dresdner, beim Aufbau der Stadt aktiv mitzuhelfen, hat der Maler und Grafiker Hermann Kohlmann mit seinen Zeichnungen für die Geschichte festgehalten. Auf dieser Kohleskizze sind von links nach rechts das Schauspielhaus, die Hofkirche, die Stümpfe von Hausmannsturm und Sophienkirche sowie Türme vom Schloss und rechts die Annenkirche zu sehen.

Die wundervolle räumliche Bleistiftzeichnung Kohlmanns von 1959 spiegelt die Baustellenatmosphäre sehr plastisch und mit vielen Details wider. Rechts neben der Annenkirche ist die Bebauung der Altmarkt-Westseite sehr deutlich zu sehen.

„Ziegelputzerinnen“ hat der in der Pulsnitzer Straße in der Neustadt wohnende Künstler dieses Motiv genannt, das er 1954 zeichnete. Auch diese Bilder aus dem Nachlass Hermann Kohlmanns hat Edelbert Fobe zur Verfügung gestellt.

Großplattenbaustelle Räcknitzstraße im Jahre 1958. Während hier auf frei geräumter Fläche Etage um Etage neue Häuser entstehen, lugt auf dem linken Foto rechts ein Stück Ruine des Hotels „Excelsior" ins Bild. Das zum Teil zerstörte Gebäude ist an der Sidonienstraße – auf der gerade ein Bus mit Hänger fährt – das Einzige, was von der Prager Straße noch steht. Fotos von Peter Kunze

Spitzhammer im Einkaufsbeutel

An Aufbausonntagen werden Millionen von Ziegeln vom Putz befreit

Eigentlich ist es ein absoluter Gegensatz. Zum einen Frauen mit Kopftuch und Kittelschürze oder geschwärzter Brille und Schneidbrenner. Demgegenüber Männer in weißen Kitteln überm Mikroskop. Und doch eint beide Seiten ein Ziel: der rasche Wiederaufbau der zerstörten Stadt. Nach dem Auftakt mit der Großblockbauweise, in der 1956 die ersten Häuser auf der Borsbergstraße errichtet werden, suchen findige Köpfe im städtischen Betrieb VEB Bau nach noch großflächigerer Weiterentwicklung. Das Ergebnis ist eine etagenhohe Betonwand von 2,60 Metern, mit 1,25 Metern Breite und 24 Zentimetern Dicke. Gewicht: 1,5 Tonnen. In der Technischen Hochschule wird eine Hand voll dieser Neuentwicklungen auf Herz und Nieren geprüft. Danach kann am 24. März 1959 in der Seevorstadt der Wandel von der Block- zur Großplattenbauweise vollzogen werden. Erstmals wird der Begriff „Projekt Seevorstadt" geprägt. In dem Dreieck Postplatz/Ammonstraße/Wiener Straße sollen mindestens 2 300 Wohnungen für 7 500 bis 8 000 Menschen gebaut werden. Die neue Großplattenbauweise ermöglicht, dass Läden und andere Einrichtungen nicht mehr in den Erdgeschossen der Häuser Platz finden müssen. Sie können jetzt separat in Gruppenbebauung entstehen. Für das „Projekt Seevorstadt" sind insgesamt vorgesehen: zwei zehnklassige Schulen mit je 20 Klassen und Hort, zwei Kindergärten für je 100 Kinder, zwei Kinderkrippen für je 72 Kinder, zwei große Kinderspielplätze, zwei Gaststätten mit je 100 Plätzen und Versammlungsraum, Sammelgaragen für 400 Autos sowie eine Komplexwäscherei mit Annahmestellen und mehrere Lebensmittel- und Obst- und Gemüsegeschäfte.

Mitte der fünfziger Jahre hat der Rat der Stadt 25 Gebiete als Volksbaustellen festgelegt. Ziel dieser Volksbaustellen ist, so viel als möglich freiwillige Helfer zum Enttrümmern und vor allem zum Ziegelputzen zu konzentrieren. An den so genannten Aufbausonntagen nehmen regelmäßig zwischen 80 000 und 100 000 Dresdner teil, um ihre Stadt von den Trümmern zu beräumen. Der Anblick der Stapel mit den vor allem von den Frauen geputzten Ziegeln ähnelt mehr und mehr einer abgemähten Wiese voller Heuballen. Irgendein findiger Kopf rechnet später aus, dass mehr als 121 Millionen Mauerziegel aus den Trümmern geborgen und zur möglichen Wiederverwendung von ihrem alten Putz befreit wurden. Das tägliche Zusammentreffen Tausender Menschen bringt noch andere als nur Arbeitseffekte mit sich. 1956 hat sich gegenüber 1954 der Bierkonsum in Dresden von 38 Litern auf annähernd 63 Liter pro Kopf der Bevölkerung erhöht. Der Zigarettenverbrauch steigt im gleichen Zeitraum von 900 auf 1015 Stück je Jahr und Einwohner. Insgesamt kann der Dresdner Handel seinen Umsatz in diesen drei Jahren von 992 Millionen DM auf 1,074 Milliarden DM erhöhen.

Am 15. November 1948 gründet sich auch in Dresden eine volkseigene Handelsorganisation. Sie ist in vier Bereiche unterteilt: HO-Lebensmittel, HO-Industriewaren, HO-Gaststätten und HO-Schiffsversorgung. Zehn Jahre nach ihrer Gründung kann die HO 573 Lebensmittel-Verkaufsstellen, 235 Industriewarenläden, ein großes Kaufhaus sowie 110 Gaststätten aufweisen. Die Handelspalette vervollständigen 501 Konsumgeschäfte und viele, viele Einzelhändler. Dresden ist die Stadt in der DDR, in der schon 1951 sowohl das erste Lebensmittelgeschäft mit Teilselbstbedienung in der Tauernstraße 11 (Konsum) und das erste Selbstbedienungsgeschäft für Industrie- und Haushaltwaren in der Altenberger Straße 29 (HO) als auch mit dem „Gastronom" 1958 die erste Selbstbedienungs-Gaststätte auf dem Postplatz eröffnet werden.

Eine Information speziell für Jugendliche: Diese beiden Mädchen auf dem Foto von 1950 tragen die typische Bekleidung der Dresdner Frauen in den fünfziger Jahren: Kittelschürze oder Kleid mit Schürze und turbanähnliche Kopfbedeckung sowie feste hohe Schuhe. Die damals gerade mal 16-jährige Marianne Schelsky, im Foto rechts, hat das Dokument aus ihrem Fotoalbum gekramt. Besonders die Mädchen und Frauen waren es, die zu Beginn des Wiederaufbaus der Stadt durch ihr Mittun beim Trümmerabbruch und Ziegelputzen Voraussetzungen schufen. Mit dem am 13. Oktober 1952 vor dem Rathaus eingeweihten Denkmal von Walter Reinhold wird die Leistung dieser Dresdnerinnen dauerhaft gewürdigt.

Verschnaufpause bei Abrissarbeiten mit männlicher Hilfe an der Moritzburger Straße im Sommer 1950.
Fotos von Marianne Schelsky

Wer baute den Dynamos ihr Fußballstadion? Solche Frauen und Männer wie hier auf dem Foto. Die Hermann-Ilgen-Kampfbahn – nach dem Namen ihres Stifters 1923 benannte Sportstätte – hatte wie die ganze Innenstadt 1945 schwere Zerstörungen erlitten. 1950/51 wird die Anlage an der Lennéstraße wieder auf- und zum Fußballstadion ausgebaut. Im Jahr darauf erhält das Stadion überraschend den Namen Rudolf Harbig. Der international bekannte Mittelstrecken-Läufer holte nämlich als Mitglied des DSC für den städtischen Erzrivalen Dresdner Sportclub 1936 olympischen Lorbeer sowie drei Jahre später den 800-Meter-Weltrekord nach Dresden.

Die Einsenderin der Fotos, Marianne Schelsky (vorn), mit Freundinnen und Eisenwalze auf den neuen Traversen des Rudolf-Harbig-Stadions, das nun 35 000 Zuschauern Platz bietet. Für den Umbau stellt die DDR-Regierung 40 000 DM zur Verfügung, 1951 sogar noch mal 200 000 DM, damit aus der Anlage Dresdens schönstes Stadion entstehen kann. Um die Platzkapazität zu verdoppeln, müssen für das Aufschütten der Ränge 100 000 Kubikmeter Trümmerschutt angefahren werden. Mit Bauschutt aus der zerstörten Innenstadt wird auch das Gelände für den Trainingsplatz zwischen Stadion und Bürgerwiese aufgeschüttet.

Wieder eine Ansicht für Rätselfreunde. Der Panoramablick, aus zwei Fotos zusammengesetzt, geht 1955 vom Rathenauplatz nach Nordost. Im Vordergrund links sind die beiden Reiterfiguren zu erkennen, die vor der Carolabrücke stehen. Hinter ihnen erhebt sich das Güntzbad, dessen Stelle jetzt das Wohnhochhaus an der Steinstraße einnimmt. Das hell leuchtende Gebäude rechts ist das Studentenwohnheim mit dem Güntzclub an der Güntzstraße, ganz rechts: das Serumwerk.

Die Pfeiler der Carolabrücke, die am 7. Mai 1945 von Nazis gesprengt wurden, um den Einmarsch der Roten Armee nach Dresden aufzuhalten, stehen nicht nur 1953 verloren in der Elbe. Sie stehen noch bis 1966 so. Erst dann beginnt der Neubau einer 375 Meter langen Spannbetonbrücke zum Neustädter Ufer. Foto von Fritz Rick

Die zerstörte Brückenauffahrt der Carolabrücke mit dem Hochhaus an der Steinstraße. Dort hofft bis 1960 Dresdens erstes Hallenbad, das Güntzbad, auf einen Wiederaufbau, weil der fünfgeschossige wundervolle Jugendstilbau mit zwei Schwimmhallen und 50 Wannenbädern den Bombenangriff nur teilbeschädigt überstanden hat. Doch 1964 wird es endgültig dem Erdboden gleichgemacht. Foto von Sylvia Henze

Dresdner Bauarbeiter dürfen keine Höhenangst haben. Wie hier 1954 auf einem schwindelig machenden Holzgerüst am Heizkraftwerk Mitte. Das wird wegen der qualmenden Schlote vom Volksmund nach dem bekannten russischen Kreuzer „Aurora“ genannt.
Foto von Peter Leuter

Dresdner wollen so weit es geht nach oben. Hier sogar mit rasantem Dreh im Luftkarussell beim Vogelwiesen-Rummel.
Foto von Alf Steiger

Dresdner möchten gern Größe zeigen. Am Albertplatz steht mit 40 Metern Höhe das erste Hochhaus der Stadt. Zur Zeit der Aufnahme des Fotos 1956 ist der elfgeschossige Stahlbetonbau mit gerade 33 Jahren im besten Alter. Das Erdgeschoss dient bis zum Umzug ins Haus der Presse 1966 der Stadtredaktion der Sächsischen Zeitung als Redaktionssitz. Als Service für die Dresdner werden die aktuellen Zeitungsseiten zum Lesen ausgehängt. Bei sportlichen Großereignissen wird ein Fernsehgerät für alle aufgestellt.
Foto von Frieder Delang

Dresdner suchen den Überblick. Den gibt es vom Rathausturm über das Neumarktgebiet, das sich im Frühjahr 1958 so leer geräumt zeigt. Begrenzt im Norden von Johanneum und Ständehaus, in der Mitte von der Sekundogenitur und rechts von der Frauenkirche. Foto von Dr. Heinz Israel

Einweihung. Die Rähnitzer nennen sie „Butterfass“ oder „Butterstampe“, die Meridiansäule auf der Rähnitzer Höhe in Nähe der Autobahn. Errichtet hat sie 1828 der sächsische Vermessungsinspektor Wilhelm Gotthelf Lohrmann. Eine solche Säule stellt er auch in Rippien auf, um genau in der Mitte der Strecke vom Zwingerwall hinter dem Wallpavillon aus den Meridian der Nord-Süd-Richtung für ein genaues Koordinatensystem zu errechnen. Diese Leistung wird durch eine Gedenktafel an der Rähnitzer Meridiansäule gewürdigt. Sie wird am 7. September 1955 durch Professor Peschel von der Technischen Hochschule enthüllt.
Fotos von Ingrid Junges

Einzug. Zwei Fotos, ein Ort: Regine Edling fotografiert 1959 eine Baugrube an der Rietschelstraße, an deren Stelle zwei Jahre später für sie und ihre Familie das neue Zuhause entstanden ist.

Flüssiges I: Professor Grüning (vorn Mitte) von der Technischen Hochschule geht mit gutem Beispiel voran und erklärt im Mai 1958 die letzte „Vorlesung" vor den Bauingenieurstudenten hinter dem Beyer-Bau zur Bierrunde.
Foto von Peter Luckwaldt

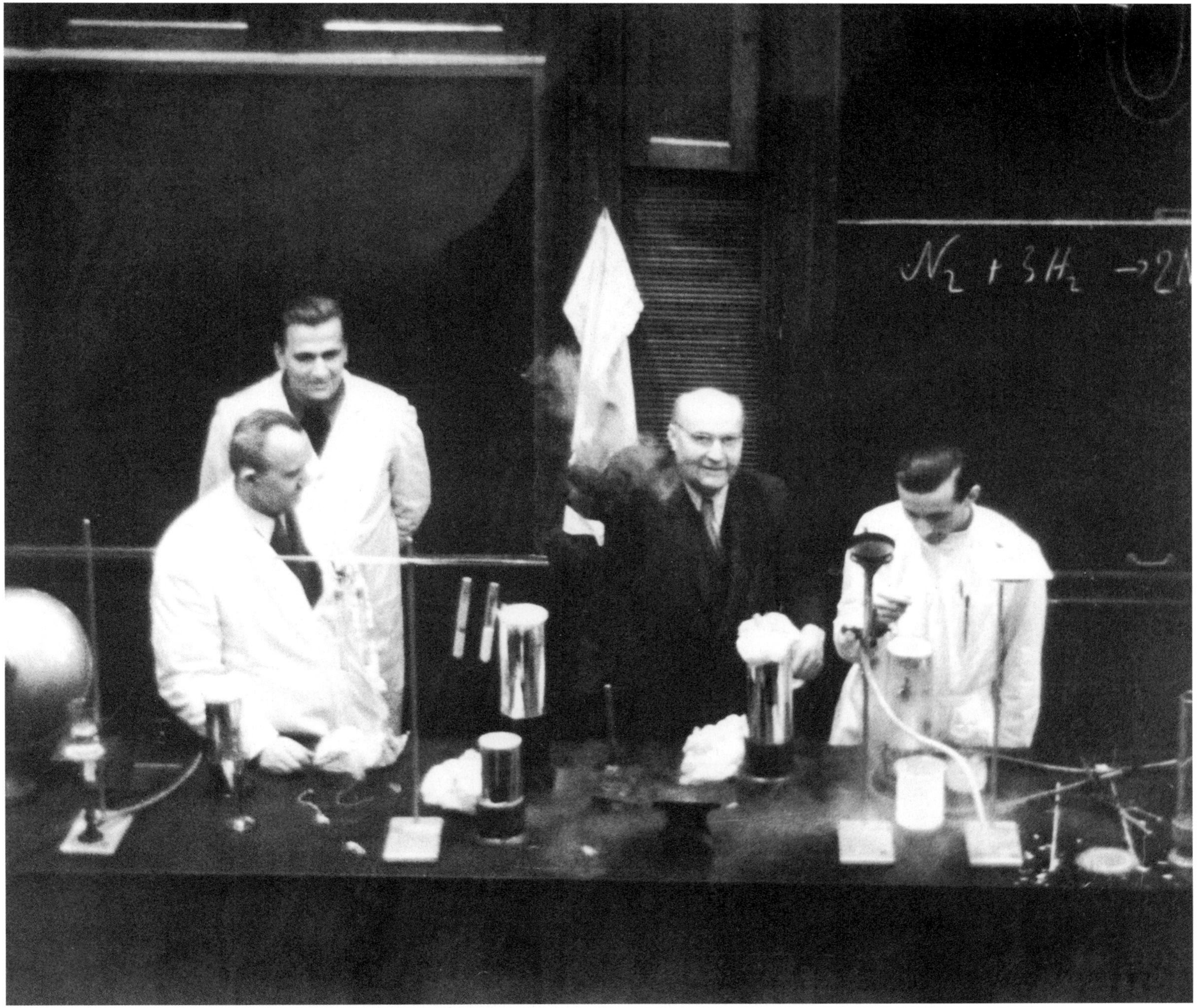

Flüssiges II: Professor Simon zeigt in einer Experimentalvorlesung 1955 im Institut für Anorganische Chemie der Technischen Hochschule, wie „flüssig“ Luft ist.
Foto von Dieter Friebel

Aufbau I: Höchstpersönlich legt am 21. April 1951 der erste Verkehrsminister der DDR, Prof. Dr. Hans Reingruber, den Grundstein für das Gebäude der Fakultät für Verkehrswissenschaften an der Technischen Hochschule. Als darin am 8. September 1952 der Lehr- und Studienbetrieb aufgenommen wird, ist aus der Fakultät eine Hochschule für Verkehrswesen geworden. Foto von Ursula Schneider

Aufbau II: Der Barkhausen-Bau der Technischen Hochschule 1959. Mit ihm wird an der Georg-Schumann-Straße/Nöthnitzer Straße eines der modernsten und großzügigsten Institutsgebäude errichtet und damit dem Wunsch von Prof. Heinrich Barkhausen entsprochen. Der Gründer des ersten Schwachstrominstituts Deutschlands kann bis Anfang der fünfziger Jahre nur unter eingeengten Bedingungen in der Helmholtzstraße wissenschaftlich tätig sein und fordert deshalb mehr Platz für die Forschung. Foto von Alf Steiger

Vorher: Diese Ruine bleibt von der Dreikönigsschule, der städtischen Oberschule für Jungen, an der damaligen Arnim- und jetzigen Wigardstraße nach dem Bombenangriff 1945 übrig.

Nachher: Von 1952 an bekommt das Haus ein zweites Leben und wird zum Pädagogischen Institut aufgebaut. Am 11. September 1953 beginnen hier 850 Hochschulstudenten eine gesellschaftswissenschaftliche Ausbildung mit den Schwerpunkten Deutsch, Geschichte und Geographie. Fotos von Hans Petrasch

Zinkwanne und Plastikgießkanne sind in den fünfziger Jahren für so manchen die wichtigsten Dinge beim individuellen sommerlichen Freizeitvergnügen. Not (sprich geringes Angebot an Freibädern) macht halt schon immer erfinderisch.
Foto von Eleonore Heinzmann

Wunder und Wurst

Nach Wegfall der Lebensmittelkarten wird die Versorgungslage besser

2004 hat ein Dresdner Verbot 50. Jahrestag. 1954 untersagt der Rat der Stadt bei Androhung von Strafe das Baden in der Elbe. Doch was verboten ist, reizt am meisten. So planschen insbesondere die Kinder weiterhin in der hellbraunen Brühe. 1958 gibt es am Blauen Wunder Männer in monströsen Anzügen, wie sie wohl Tiefseetaucher tragen, zu bestaunen. Es sind Sandstrahler, die der Blasewitzer-/Loschwitzer Elbbrücke eine Verjüngungskur geben. Der nach dem Abstrahlen der Stahlträger aufgebrachte Korrosionsschutz sieht je nach Sonnenbestrahlung farbig etwas seltsam aus. Was darob entsetzte Dresdner zu einem Aufschrei veranlasst: „Mir wolln keen grienes, mir wolln e Blaues Wunder!“ Noch im gleichen Jahr erleben sie ein solches. Unter dem Slogan „Ein Zeichen des Fleißes, ein Zeichen der Kraft – Wir haben die Marken abgeschafft!“ fallen am 29. Mai 1958 die Lebensmittelkarten weg. Gleichzeitig erfolgt eine Preissenkung bei Lebensmitteln und in Gaststätten, bei Nahrungs- und Genussmitteln sowie für Dienstleistungen. Diesmal reagieren die Kinder sofort, und zwar mit einem Reim: „Die DDR, die macht sich, die Bockwurst kostet nur noch achtzig.“ Ohne Semmel. Aber immerhin. Von gestern auf heute nur noch 80 Pfennig statt 1,24 DM. Wer am Silvestertag 1949 Heißhunger auf eine 100 Gramm schwere Bockwurst hatte, musste dafür 2,35 DM bezahlen. Wer das neue Jahr 1950 auf dem Dampfer „Dresden“ auf der Elbe begrüßen wollte, konnte aus diesem Anlass eine Wurst mit Weißbrot für 4,60 DM bestellen. Und wer im November 1953 in der ersten freien Gaststätte im „Theatercafé“ am Postplatz ohne Abgabe von Lebensmittelmarken eine Bockwurst mit Kartoffelsalat verzehren wollte, bekam sie für 7,30 DM serviert.

Bis zum Februar 1945 gab es in Dresden 884 Gaststätten, 30 Tanzsäle, 68 Hotels mit Restaurantberieb, 27 Weinstuben sowie 108 Kaffeehäuser, Cafés und Konditoreien. Allein das Zentrum der Stadt hat 357 Gaststätten, Cafés und Konditoreien mit 38 500 Plätzen. Nach dem Bombenangriff existieren nur noch 15 dieser Stätten. Von den 8 045 Handelsgeschäften und Kaufhäusern, davon ebenfalls rund ein Drittel im Stadtzentrum, können nach dem Februar 1945 insgesamt nur noch etwa 30 Prozent von ihnen die Türen weiterhin öffnen. 1957 ist die Zahl der Geschäfte bereits auf 6 638 angestiegen. Und auch hierbei offeriert Dresden wieder eine Neuerung: Wo heute die Laubegaster bei Bäcker Franke einkaufen, präsentiert sich in der Österreicher Straße 21 ab 20. März 1957 das erste vollkommene Selbstbedienungs-Lebensmittelgeschäft im Bezirk Dresden. Die Konsumgenossenschaft zieht am 7. November in der Großenhainer Straße 166 nach.

Ein Dresdner Phänomen ist jahrzehntelang zu beobachten. Gibt es die Woche über kaum mal die Möglichkeit, einen Platz in einer repräsentativen Gaststätte zu erobern – sonntags so ab 21 Uhr ist das möglich. Sonntagabends geht der Dresdner beizeiten nach Hause, um am Montag ausgeschlafen am Arbeitsplatz zu sein. Dabei halten die Nächte schon einige Verlockungen parat. So auf der Brühlschen Terrasse. 1957 öffnet die Gaststätte „Sekundogenitur“. Die darin befindliche Nachtbar „Gondel“ wird später durch ein „Schrittband“-Ereignis DDR-bekannt. In einem der Nachtprogramme tritt ein erotisches Tanzpaar auf. Allerdings ist die freizügige Bekleidung der Artistin in den Augen von Moralaposteln ein Skandal. Aus Sorge um den Ruf der Stadt wird ein Gremium berufen, das die Bekleidung der Tänzerin unters Maßband nehmen soll. Die Breite ihrer Schambedeckung entscheidet über Auftrittsverbot oder Weitermachen. Die Artistin verzichtet, und Dresden macht sich mit seiner verklemmten Bürokratie zum Gespött der Republik.

Dresden ist wie kaum eine andere Großstadt ein Zentrum der Gärtnereien und des Gartenbaus. Die Blumenpracht kann gleich mehrmals im Jahr in speziellen Ausstellungen bewundert werden. Diese Tradition reicht bis 1828 zurück. Nach dem Krieg machen sich sowohl die Vereinigung der gegenseitigen Bauernhilfe VdgB als auch die hiesigen Einrichtungen des Ministeriums für Forst- und Landwirtschaft mit der Organisation von umfangreichen Garten- bau- und Blumenschauen in der Stadthalle am heutigen Olbrichtplatz und in Pillnitz verdient. Sie überspannen mit unterschiedlichen Inhalten fast den Zeitraum eines ganzen Jahres, die Dresdner danken die Angebote mit hunderttausendfachem Besuch. Die Aufnahme zeigt 1957 die Pillnitzer Orangerie mit einer Dahlienschau. Foto von Dr. Heinz Israel

Dahlienschauen finden auch in Gohlis (Foto) und in Heidenau statt und sind alljährlich im Frühherbst beliebte Ausflugsziele.
Foto von Eleonore Heinzmann

Ausflüge machen oder gar verreisen ist für Dresdner jedes Mal wie Weihnachten. Vor einer Reise zur Verwandschaft im Winter 1953 wird der junge Peter Leuter (Zweiter von links) fotografiert, sechs Jahre später posieren Ihm in der jetzigen Fritz-Löffler-Straße diese zwei Bekannten für seine ersten eigenen Fotos (unten). Vor dem Hauptbahnhof (oben) steht in den fünfziger Jahren ein professioneller Fotograf, der den abgelichteten Dresdnern die Fotos gegen Bezahlung nach Hause schickt. Dem Firmenstempel auf der Fotorückseite nach ist es der Foto-Vertrieb Horst Heidrich aus Hellerau. Beide Fotos von Peter Leuter

Zum Ausflug warten an der Straßenbahnhaltestelle in der Nürnberger Straße die Mutti, die Oma und die Uroma der Fotoeinsenderin Sylvia Henze.

Wie für viele Familien zählen auch für Henzes aus der Südvorstadt eine Dampferfahrt ab Terrassenufer bis Pillnitz, dort ein Spaziergang durch den Schlosspark und am späten Nachmittag die Fahrt mit der Weißen Flotte zurück ins Stadtzentrum zu den schönsten Sonntagserlebnissen.
Fotos von Sylvia Henze

Die Frau mit der weißen Schürze ist eine Kindergärtnerin. Ihr auf dem Foto ersichtliches Anliegen, schon die Vorschulkinder mit dem Zwinger als Dresdens architektonischem Aushängeschild bekannt zu machen, ist der Anerkennung wert.
Foto von Marianne Klimpel

Kinder zieht es am liebsten jeden Tag in den Zoo, erst recht in den fünfziger Jahren, da der Tierpark nach völliger Zerstörung nach und nach wieder aufgebaut wird und ständig neue Tiere zu bestaunen sind.
Foto von Eleonore Heinzmann

Einer der beiden Tiger, die Ende 1950 vom Leipziger Zoo gekauft werden. Durch Schenkungen, Ankäufe und erste eigene Zuchtergebnisse wird versucht, schnell wieder einen Tierbestand aufzubauen, da das Bombeninferno 1945 nur 20 Tiere überlebt haben. Ende 1951 können schon wieder 670 Säugetiere und 720 Vögel bewundert werden, allerdings sind es zum großen Teil Haustiere. 1954 besitzt der Dresdner Zoo als einziger in ganz Deutschland Schneeleoparden und sibirische Steinböcke. Diese Geschenke der Sowjetunion wollen in dem Jahr rund 700 000 Besucher sehen, vier Jahre zuvor betrug die Besucherzahl nur 279 000.

Er ist der Star in Dresdens Tiergarten, der Löwe „Pascha“. Er hat als einziger seiner Gattung den Bombenangriff überlebt und notgedrungen sogar im Elefantenhaus zeitweise eine neue Unterkunft gefunden. Anlässlich des 95-jährigen Zoojubiläums kann er am 9. Mai 1956 mit nun vier Begleitern ein neu gebautes Raubtierhaus beziehen. Zwischen 1952 und 1958 wird „Pascha“ stolzer Vater von fast 50 Löwenkindern. Fotos von Eleonore Heinzmann

Die Schöne schaut auf den Carolasee im Großen Garten, der von Mitte der fünfziger Jahre an wieder zum Rudervergnügen in schwerfälligen Holzbooten einlädt. Foto aus dem Nachlass von Fritz Klimpel, eingesandt von Marianne Klimpel

Nicht gerudert, aber gepaddelt werden kann auf der Elbe. Im Faltboot vor 40, 50 Jahren ist das auf dem Fluss aber kein absolut ungefährliches Vergnügen.

Eine ungefährlichere Bekanntschaft mit dem Wasser bietet Bad Sonnenland, eine der beliebtesten „Badewannen im Freien“ der Dresdner, schon seit Jahrzehnten.
Fotos von Eleonore Heinzmann

Drei Motive zum Thema Gefährt und Gefährten. Oben: Der eigentlich zum Ausfahren der Puppen gedachte Sportwagen aus Holz von 1958 ist bei Eleonore Heinzmann nun schon in dritter Generation noch immer in Gebrauch – nachträglich ein Qualitätssiegel für die Dresdner Herstellerfirma. Auch der superelegant wirkende Wagen rechts im Bild, der aber tatsächlich der Beförderung von Kindern dienen soll, beweist seine Stabiltät selbst auf gröbstem Kopfsteinpflaster. Foto ebenfalls von Eleonore Heinzmann. Unten ist die geflochtene Luxusausführung eines Kinderwagens aus der Mitte der fünfziger Jahre bei einer Rast am Elbradweg zu sehen.
Foto von Dr. Gerhard Bauermeister

„Hula-Hopp“, das Schwingen eines Plastereifens durch geschickte Körperbewegungen, hält 1959 als Massensport Einzug, hier demonstriert an der Ecke Borsbergstraße/Müller-Berset-Straße.
Foto von Alf Steiger

122

Im Dresdner Norden und in der Neustadt hält der Kindertag 1958 für die Kinder ganz besondere Ereignisse bereit. Auf dem neuen Kinderspielplatz in Hellerau kann am 1. Juni eine Holzschaukelanlage eingeweiht werden. Die findet solchen Anklang, dass es trotz gleich zweier Schaukeln Schlange stehen heißt.

Zum II. Pioniertreffen am 18. August 1956 wird der Alaunplatz in Platz der Thälmann-Pioniere umbenannt. Aus diesem Anlass wird ein Klettergerüst in Form der Weltkugel zur Nutzung freigegeben.
Fotos von Alf Steiger

Das Gerät sieht etwas primitiv aus, bietet aber Schaukelspaß für gleich zehn Kinder auf einmal! Dieses gemeinschaftliche Vergnügen können die jüngsten Besucher des Großen Gartens ab 1950 genießen. Mit dem Ausbau des Großen Gartens zum Kulturpark der Stadt entstehen in Nähe des Palais nicht nur gärtnerische Anlagen wie ein Dahlien- und ein Staudengarten, sondern auch Spiel- und Sportmöglichkeiten.

Auch diese Rutsche gehört zu den Anziehungspunkten auf dem Spielplatz im Großen Garten. Neben der Freigabe zur Nutzung durch die Kinder am 1. Juni 1950, sorgt an diesem Internationalen Tag des Kindes noch eine andere Neuigkeit im Großen Garten sogar in der ganzen DDR für Aufsehen: An diesem Tag startet eine Kindereisenbahn mit Liliput-Dampflokomotive und kleinen offenen Waggons zu ihrer ersten Rundfahrt auf einer 1 200 Meter langen und 38,1 Zentimeter schmalen Gleisstrecke.
Fotos von Marianne Klimpel

„Agfa Box“ gegen „Pouva Start“. Bei einer Rast in der Dresdner Heide während eines Schulausflugs 1953 fotografiert Karl-Heinz Herberger Mitschüler und den Pionierleiter, der mit seiner Fotobox noch nach einem richtigen Motiv sucht. Ein Pionierleiter in Bergbauuniform ist gar nicht so ungewöhnlich, denn Bernd Süß ist eigentlich Kumpel im Steinkohlebergwerk Freital und nur nebenbei Betreuer an der Schule.

Reklamefoto mit Akt

Dresden wird zur Metropole der Kamerahersteller

Im Januar 1954 geht ein Raunen durch das Land. Der noch bescheidene Zeitungen- und Zeitschriftenmarkt wird durch „Das Magazin“ bereichert. Dieses in Berlin herausgegebene Magazin, nur wenig größer als ein halber A4-Bogen, zeigt gleich in seiner Nummer 1 auf den Seiten 27 und 28 zum ersten Male in der DDR eine nackte Frau. Etwas Phantasie braucht es zwar noch, denn die Dame steht hinter einer nicht klar durchsichtigen Scheibe. Die trotzdem eindeutig Unbekleidete ist eine Dresdnerin. Und der Fotograf ein Dresdner: Erich Höhne. Der kleine drahtige Mann zählt zu den ganz Großen. Denn er ist eigentlich Fotoreporter und einer der wichtigsten Foto-Dokumentaristen des Wiederaufbaus. Mit seiner Aktaufnahme macht Erich Höhne neben dem Reiz der Dresdnerinnen außerdem für ein bereits weltweit bekanntes Produkt aus Dresden ungewollt Reklame: die Fotoapparate. „Exakta Varex“ heißt 1950 die erste Spiegelreflexkamera auf der Welt, bei der Lichtschacht und Prisma getrennt sind und die austauschbare Sucherelemente hat. Drei Jahre später bekommt die „Exakta“ durch eine weitere Weltneuheit, die universellste Spiegelreflexkamera „Praktina FX“, Konkurrenz aus der eigenen Stadt. Die „Praktisix“ mit erstmals vollautomatischem Springblendensystem erblickt 1956 in Dresden das Licht der Welt. Weitere Ergebnisse der Dresdner Kamerabauer, die ebenso auf den Messen in Leipzig wie in Köln immer für starke Aufmerksamkeit sorgen, heißen „Contax“, „Praktica“ , „Pentona“, „Altix-N“. In der Stadt gibt es zu dieser Zeit drei eigenständige Fotobetriebe: die Kinowerke, die Kamerawerke Niedersedlitz und das Altissa-Kamerawerk. Mit dem Freitaler Welta-Kamerawerk und dem Diaprojektoren und Vergrößerungsgeräte herstellenden Aspecta-Werk werden sie im Januar 1959 zum VEB Kamera- und Kinowerke Dresden zusammengeschlossen, aus dem später das Pentacon-Kombinat hervorgeht. Der Verbund gilt als weltgrößter Fotobetrieb.

Eine der neuen „Prakticas“ hat sich 1955 auch Helga Sievers zusammengespart. Die Dresdnerin will mit dem modernen Fotoapparat Beruf und Hobby miteinander verbinden. Frau Sievers ist Pädagogin in der neuen Kinderklinik Johannstadt, in der sehr kranke Kinder viele Monate und manche sogar einige Jahre lang behandelt werden müssen. Um ihnen etwas Abwechslung zu bieten, hat die begeisterte Amateufotografin für die Patienten im Schüleralter eine Foto-Arbeitsgemeinschaft gegründet, der sogar ein eigener Fotoapparat zur Verfügung steht. Damit können die Kinder selbst ihren Alltag dokumentieren. Durch die Art und Weise des gemeinsamen Mühens von Ärzten, Lehrern und Erzieherinnen gilt die neue Dresdner Kinderklinik ab 1954 als modernste in der DDR. Von 1896 bis 1901 war an der Fetscher- und Fiedlerstraße der Krankenhauskomplex Johannstadt erbaut worden. Bomben machten auch ihn im Februar 1945 zur Ruinenlandschaft. 1948 beginnt der systematische Neuaufbau auf erweitertem Gelände bis zur Pfotenhauer- und Schubertstraße auf insgesamt 65 Hektar Fläche. Nach und nach entstehen hochmodern ausgestattet als erste die Orthopädische Klinik und die Kinderklinik sowie die Chirurgische Klinik in total rekonstruierten Gebäuden. Sie bilden den Grundstock für die Gründung der Medizinischen Akademie „Carl Gustav Carus“ am 7. September 1954. Waren 1945 in ganz Dresden nur noch 1 600 Krankenhausbetten nutzbar, so stehen schon 1954 in Johannstadt allein über 2 500 Betten zur Verfügung. Knapp 40 Jahre später werden die nun 23 Kliniken und 21 Institute der Medak als Medizinische Fakultät in die Technische Universität Dresden eingegliedert.

Anfang der fünfziger Jahre gerade erst neu gebaut, Anfang der neunziger Jahre wieder abgerissen. Die Geschichte der Kinderklinik der Medak, hervorgegangen aus dem Johannstädter Klinikum, zählt zu den bleibenden Ereignissen im Dresdner Gesundheitswesen. Schon Anfang des 20. Jahrhunderts soll in der Johannstadt die erste spezielle Kinderklinik der Welt eingerichtet worden sein, die in den dreißiger Jahren in ein großes Gebäude zog. 1945 erlitt der von Stadtbaurat Paul Wolf im typischen Bauhausstil entworfene Klinikbau schwere Schäden. 1949 wird diese unverwechselbare Einrichtung in modernisierter Form wieder aufgebaut. Jetzt ist ein völliger Neubau im Entstehen, mit modernster Ausstattung und auf die zukünftigen Erfordernisse ausgerichtet.

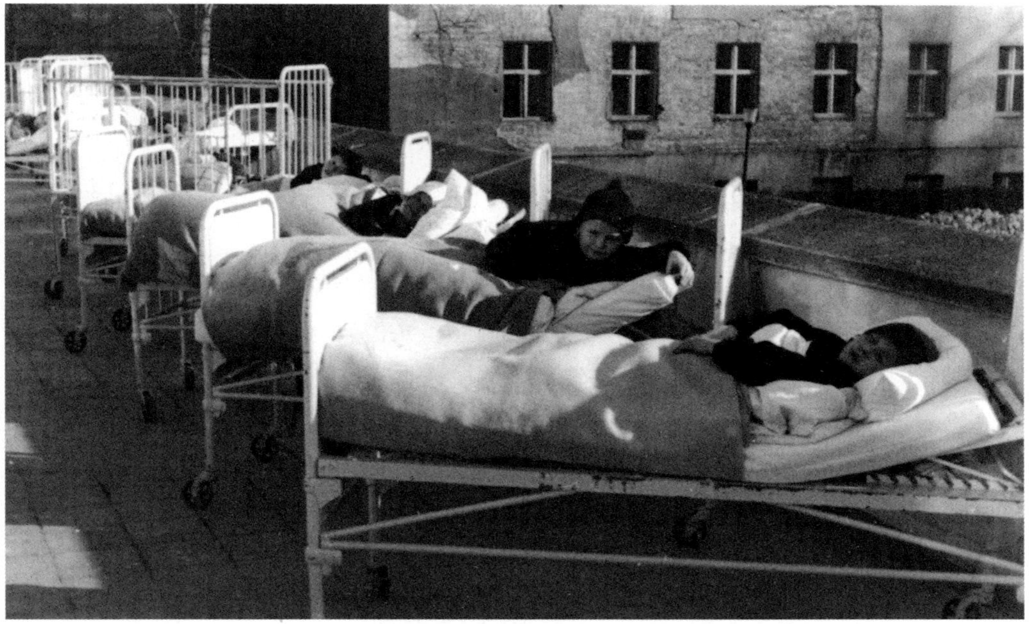

Die 1954 als modernste Kinderklinik der DDR geltende Einrichtung verfügt als Besonderheit über lange Liegeterrassen. Auf sie können die Betten mit den schwerkranken Kindern auch in den Wintermonaten gerollt werden, damit die kleinen Patienten ihren mehrere Monate lange andauernden Aufenthalt viel an der frischen Luft verbringen können. Dem Dresdner Gesundheitswesen standen 1952 annähernd 36 Millionen DM zur Verfügung, fünf Jahre darauf ist diese Summe auf rund 53 Millionen DM angewachsen.
Fotos von Helga Sievers

Um das Wohl und Wehe der Kinder sorgen sich in der Kinderklinik Johannstadt Mitte der fünfziger Jahre sowohl Ärzte unter Leitung von Dr. Büschelberger (links) und Schwestern, als auch Lehrer und Erzieherinnen.

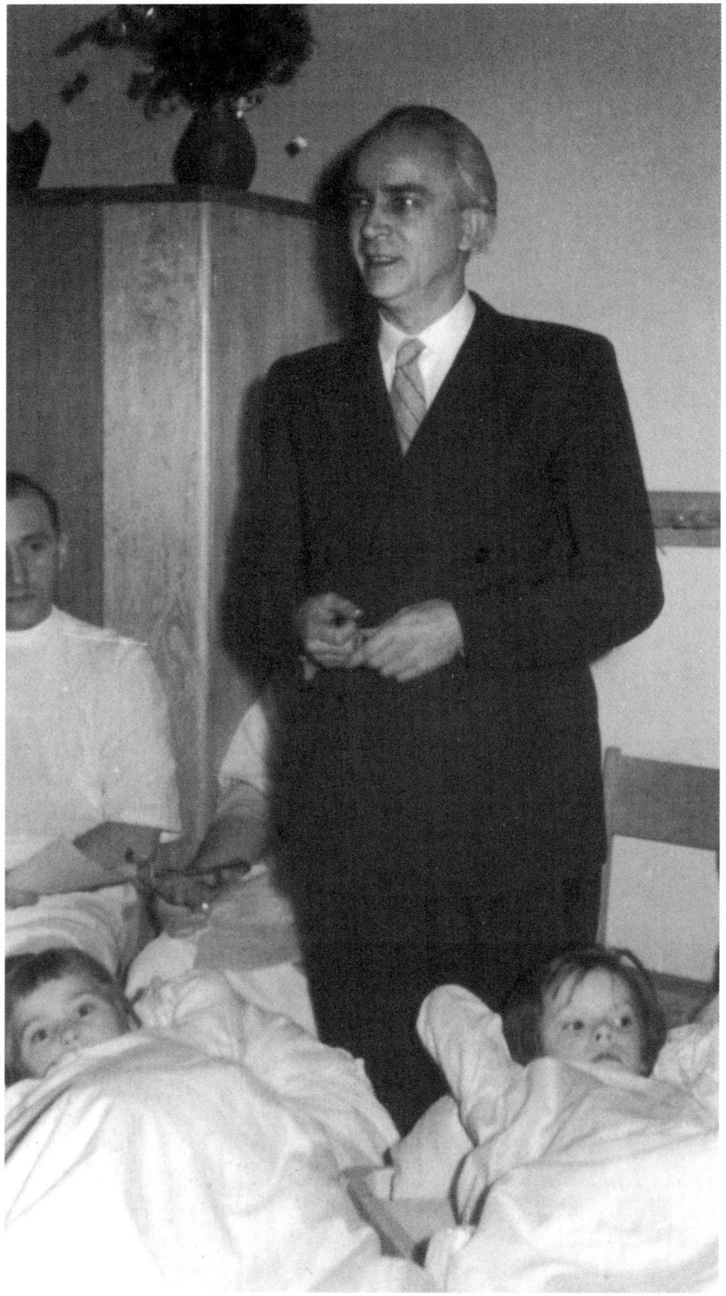

Da die Kinder mindestens ein Dreivierteljahr in der Kinderklinik zubringen müssen, werden die Krankenzimmer zu Klassenzimmern. Diese ungewöhnliche Art Schule soll den Kindern ermöglichen, auf annähernd gleichem Bildungsstand wie ihre gesunden Altersgefährten zu bleiben und somit nach Genesung den Unterricht problemlos fortsetzen zu können.

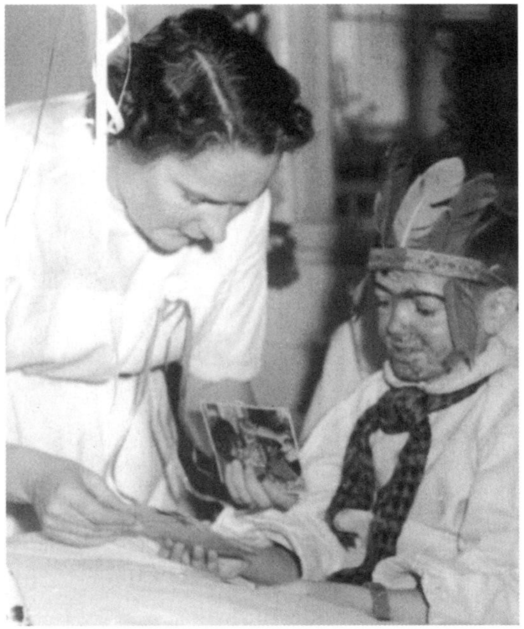

Damit die Kinder nicht vor Langeweile „aus dem Bett springen“, müssen die Erzieherinnen allerhand Möglichkeiten der Unterhaltung suchen. Sich dabei sogar für lustige Beschäftigungen anbietende Tage wie Fasching sind da gern genutzte Abwechslungen in der pädagogischen Betreuung der Kinder.
Fotos von Helga Sievers

Die Pädagogen der Kinderklinik, die ab 1954 zur Medizinischen Akademie „Carl Gustav Carus“ gehört, lassen sich für ihre Schützlinge immer wieder Überraschungen einfallen. So sind der Besuch und die Vorführungen der Feuerwehr zum Kindertag 1957 im Klinikgelände oder eine Kremserfahrt vor dem Stadtjubiläum 1956 bis in die Neustadt nachhaltige Höhepunkte. Auf dem unteren Foto sind unschwer der Neustädter Markt mit dem Goldenen Reiter und die Hauptstraße zu damaliger Zeit zu erkennen.

1958 bekommt die Ausbildungsstätte Medizinische Akademie ein neues Hörsaalgebäude. Für die Einsenderin dieser Fotos, Helga Sievers, ein Anlass, mit Mitgliedern der von ihr in der Kinderklinik ins Leben gerufenen Arbeitsgemeinschaft Fotografie sowohl für eine AG-Fotoausstellung als auch für private Fotoalben zu knipsen.

„Lumpen, Gläser, Altpapier und auch Flaschen sammeln wir!" – Mit diesem Zweizeiler auf den Lippen ziehen 1954 auch die Schüler der 45. Grundschule an der Hülße-straße durch das Reicker Wohngebiet, hier am Bessel-platz, um Rohstoffe für die Volkswirtschaft zusammen-zutragen.
Foto von Regine Urlaß

Während die Jüngeren Rohstoffe sammeln, sammeln die Älteren Erfahrungen. Zum Beispiel 1952 bei einer gewerkschaftlichen Schulung. Foto von Ursula Schneider

Im gleichen Jahr absolviert Fotoeinsenderin Helga Skoczowsky (rechts) eine Lehre bei der Deutschen Investitionsbank auf der Ostra-Allee gegenüber dem Zwinger. Theorie und Praxis liegen dicht beieinander, denn die Berufsschule befindet sich gleich um die Ecke im Malergäßchen.

So entsteht die Sächsische Zeitung – 1951. Buchstabe für Buchstabe und Satzzeichen für Satzzeichen und Zahl für Zahl, aneinandergefügt in der Setzerei des Sachsenverlages auf der Riesaer Straße. In jenem Jahr beginnt dort auch Annehilde Usbeck eine Setzerlehre und wird gleich Fotoobjekt für den Werbefotografen Werner Mohn, der später als Fotoreporter zur SZ geholt wird.

Die Auswirkungen des Bombenangriffs auf Dresden werden auch auf Schneiders Parzelle in der Kleingartensparte in Pieschen spürbar: Der Laube wurde das Dach abgerissen. 1951 beginnt der Wiederaufbau.

Wenn das der Vorsitzende der Freien Deutschen Jugend, Erich Honecker, sieht, dass 1951 das FDJ-Blauhemd zur Bekleidung beim Geradeklopfen krummer Nägel herabgewürdigt wird! Aber wie könnte in Anbetracht dieser Bilder eine Begründung lauten? „Mir sitzt das Hemd eben besser als die Hose.“
Fotos von Ursula Schneider

„Die Exakta, die erste Kleinbild-Spiegelreflexkamera der Welt mit perforiertem Kinefilm – ein Produkt des Ihagee-Kamerawerkes aus Dresden“. Ein Werbespruch für eine Kameralegende, die schon 1936 mit der „Kine Exakta“ ihren auch internationalen Erfolgszug begann, der mit der „Exakta Varex“ ab 1950 fundamentiert wird. Frieder Delang ist zu dieser Zeit selbst einer der Kameramechaniker bei Ihagee an der Blasewitzer Straße. Er hat die nebenstehenden Fotos von der Montage und dem Gebrauch der „Exakta Varex“ eingesandt – beide selbstverständlich mit einer „Exakta Varex“ fotografiert. Wegen ihrer Verkaufserfolge darf ab 1. Juni 1959 die Konsum-Verkaufsstelle für Foto-Kino-Optik in der Königsbrücker Straße 40 die Bezeichnung „EXAKTA Spezialverkaufsstelle“ führen, und bietet zum Bekanntmachen mit der „Exakta Varex“ für die Kunden sogar Farblichtbildervorträge an.

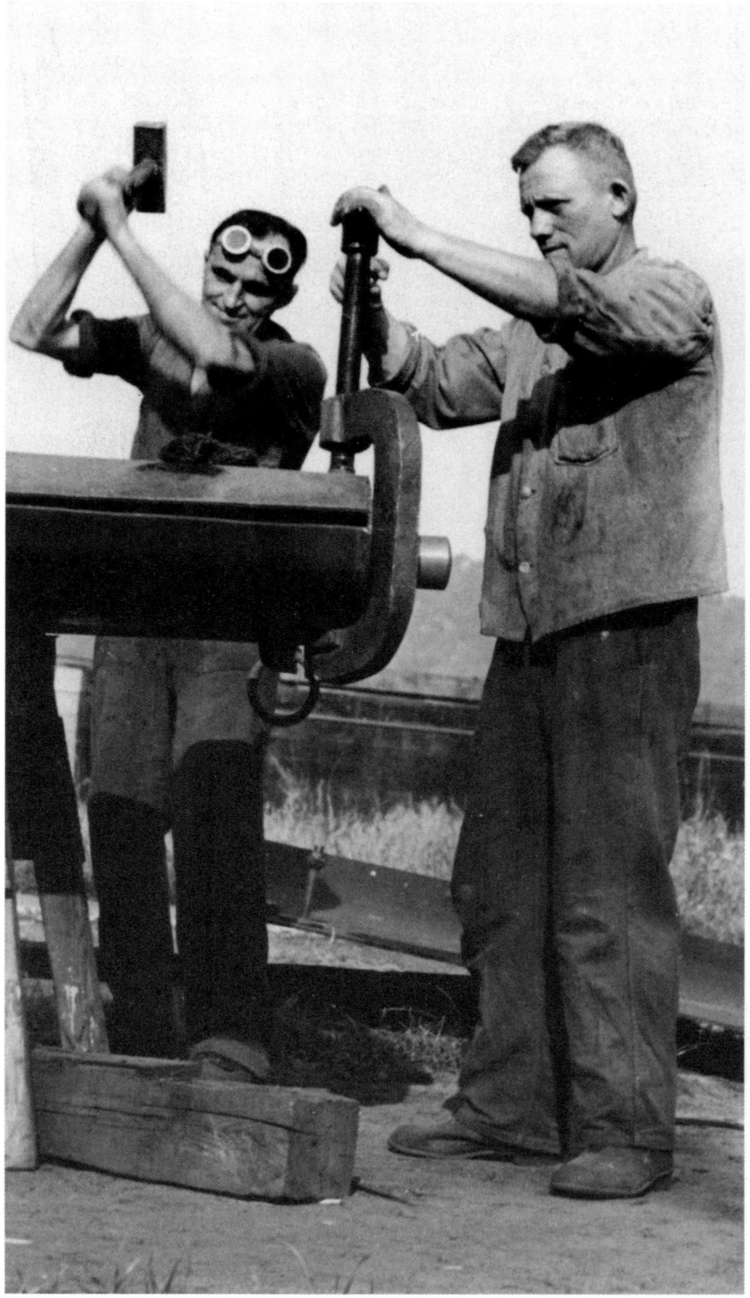

Wenn von handwerklicher Qualitätsarbeit in den fünfziger Jahren die Rede ist, zählt zu besten Beweisen immer auch die Schiffsreparaturwerft Laubegast. Im II. Quartal 1952 wird die Werft für eine Steigerung der Arbeitsproduktivität um 19 Prozent auf 124,7 Prozent als bester Betrieb im Massenwettbewerb geehrt. Die Werftarbeiter haben in den drei Monaten April, Mai und Juni an den Dampfern "Krippen", „Königstein" und „Diesbar" große Kesselarbeiten, am Schleppdampfer „Westfalen" eine Generalreparatur sowie an drei Schleppkähnen umfangreiche Instandsetzungen ausgeführt. Höhepunkt 1955 ist für die Laubegaster Schiffsbauer der Stapellauf des neu gebauten Küstenmotorschiffs „Timmendorf".
Fotos von Wolfgang Quinger

„Wie lange macht er es noch?“ – I: Gedampft hat er unter der Motorhaube so sehr, dass dem P 70 Coupé erst mal eine Pause gut tut. Für die Kinder eine Gelegenheit, mal in sein Innenleben zu schauen. Lange Zeit bleibt für ihn nicht mehr, denn seit Juli 1958 rollen die ersten Nachfolger des P 70 durch Dresden, die Trabants. Ab dem 7. November 1957 in Zwickau produziert, wird der Trabant rund drei Jahrzehnte lang der Volkswagen der DDR.
Foto von Ursula Schneider

„Wie lange macht er es noch?“ – II: Er dampft zum Erbarmen, der MAN mit Holzgaser-Antrieb. Statt Diesel oder Benzin müssen schwelende Holzspäne das Gas für den Generator erzeugen. Ansonsten hat der Laster einen guten Job. Er gehört der Felsenkeller-Brauerei und fährt Bier aus. Einmal im Jahr aber muss er für die Bevölkerung ein ganz anderes Lebensmittel bringen. Wie andere Großbetriebe wird auch die Brauerei zwangsverpflichtet, im Herbst die Einkellerungsaktion mit Speisekartoffeln, wie hier 1958 in der Grillparzerstraße, zu unterstützen.
Foto von Werner Kunis

Tränen der Ehrfurcht

Dem Nahverkehr wird viel Aufmerksamkeit entgegengebracht

Der Dresdner ist nicht so schnell aus der Reserve zu locken. Es sei denn, er sieht in der Friedrichstadt die Rauchwolke einer Dampflokomotive oder auf der Wilsdruffer Straße einen Straßenbahn-Hecht. Da bekommt er aus lauter Ehrfurcht vor so viel erhabener Nostalgie feuchte Augen. Und die nicht zu zählende Fangemeinde der gelb-schwarzen Bahnen weiß bei der Nennung der Ziffer „1716“ sofort, dass das die Typnummer des „Großen Hechts“ ist. Die in Bautzen gebauten vierachsigen Triebwagen und deren zweiachsige Nachfolger „Kleiner Hecht“ sorgen ab 1931 für Dresdens Ruf als Stadt der schönsten und schnellsten Straßenbahnen in ganz Deutschland. Vorerst bis 1945. Allein von den 25 großen Hechttriebwagen werden acht und von den 48 „kleinen Hechten“ genau die Hälfte völlig zerstört. Insgesamt hat die Dresdner Straßenbahn-Gesellschaft einen Verlust von 191 total und 121 schwer beschädigten Straßenbahnen zu verzeichnen. 50 Prozent der Gleisanlagen sind durch Bombentrichter unpassierbar geworden.

Mit 271 Wagen beginnt auf kurzen frei geräumten Strecken der Straßenbahnverkehr neu. Im Mai 1950 werden mit den Linien 5 zwischen Leutewitz und Übigau, 6 zwischen der Nürnberger Straße und dem Industriegelände und 10 zwischen der Hugo-Bürkner-Straße in Strehlen und der Johannstadt die ersten durchgehenden Linien befahren. Im Jahr darauf folgt eine Linie 20 von der Johannstadt bis nach Gohlis. Der Wagenpark des am 1. April 1951 gegründeten VEB Verkehrsbetriebe der Stadt Dresden umfasst nun schon 550 Trieb- und Beiwagen. Und der „Hecht“ bekommt Konkurrenz von „LOWA“. Im Straßenbahnwerk Werdau wird ein DDR-Einheitswagen ET/EB 54 gebaut. Die Anhänger sind zehneinhalb Meter lang und 2,20 Meter breit, verfügen über 22 Sitz- und 47 Stehplätze. Die ersten zehn werden auf der Linie 12 zwischen Kleinzschachwitz und Freital-Hainsberg eingesetzt. Dresden wartet hier wie auch zwischen Niedersedlitz und Trachau großzügig mit langen Linien auf. Gar für die Ewigkeit geschichtsträchtig bleibt später die Linie 4, die über annähernd 40 Kilometer von Pillnitz bis Weinböhla reicht. Eine Sonntagsausflugsmöglichkeit der besonders billigen Art, denn ab 1. Januar 1953 beträgt der Fahrpreis für eine durchgängige Einzelfahrt nur 20 Pfennig. Egal, wie weit man mitfährt.

Dem Verkehr wird in Dresden viel Aufmerksamkeit entgegengebracht. Deshalb bekommt die Fakultät für Verkehrswissenschaften 1952 den Status einer Hochschule für Verkehrswesen und an der Hettnerstraße neu gebaute Lehr- und Hörsaalgebäude. Ab 1954 entsteht am Friedrich-List-Platz ein imposantes neun Stockwerke hohes Hauptgebäude mit viergeschossigen Seitenflügeln. Durch diese Lage weit weg vom eigentlichen Kerngelände der künftigen Technischen Universität zeigt die HfV ihre Eigenständigkeit. Dennoch bleibt sie dem Hochschulviertel Südvorstadt zugehörig. Vor dem Krieg waren 3 000 Studenten an der Technischen Hochschule Dresden eingeschrieben. 1955 beträgt deren Zahl einschließlich der Kommilitonen an der Verkehrshochschule schon 8 000. Die enorm steigende Zahl von Immatrikulationswünschen forciert den Bau weiterer Lehrgebäude, für die 38 Millionen Mark zur Verfügung stehen. Die neuen Studieneinrichtungen sollen die Ausbildung von einmal 14 000 Studenten ermöglichen. Im Winter 1957 müssen durch die Hausmeister der Technischen Hochschule die Wege vor den Lehrgebäuden und den 19 Studentenwohnheimen schon auf einer Länge von 25 Kilometern vom Schnee befreit und gestreut werden.

Der Körnerplatz mit dem Loschwitzhang 1959. Dieses Foto bietet eigentlich gleich drei Bergbahnen, also drei unterschiedliche Verkehrsmittel, an, mit denen die Dresdner den Berg hoch– und runterfahren können: hinter dem „Bräustübel“ am linken Bildrand die Standseilbahn, 1895 eröffnet, rechts die Schwebeseilbahn, 1901 in Betrieb genommen, und in der Mitte den O-Bus, der sich ab 1950 die Grundstraße hochquält.
Foto von Alfred Schäfer

Dresdens erste Oberleitungsbuslinie wurde schon 1947 in Betrieb genommen. Sie führt vom Münchner Platz bis zum Körnerplatz. Weiter geht es nicht, denn die drei Kilometer lange Steigung nach Bühlau schafft der Antrieb mit Strom aus der Oberleitung nicht. Gleichzeitig wird ab 19. Mai 1950 die Linie bis Weißig verlängert. Mit nun 14,4 Kilometern Länge ist sie die längste O-Bus-Linie der DDR. Am 30.11.1975 wird sie eingestellt.

Straßenbahnbegrüßung vor dem Blauen Wunder am Schillerplatz. Ab März 1947 fährt die Linie 18 ab Gottfried-Keller-Straße nach Pillnitz, im Dezember 1948 kam die Linie 2 zwischen Schlachthof und Loschwitz hinzu.
Fotos von Volkmar Schnabel

Bus-Haltestelle Chemnitzer Straße Ende der fünfziger Jahre. Rechts hinten die ersten Neubauten an der Nürnberger Straße. In Vorbereitung des Baus der Nossener Brücke wird die Bus-Linie Z zwischen Schillingstraße und Feldschlößchenstraße durch die noch leere Chemnitzer Straße geführt. Foto von Friedrich Spranger

Die Herzen der Dresdner Straßenbahnfans schlagen in Anbetracht dieses Fotos höher, denn es zeigt das „Schlachtschiff“ der Dresdner Straßenbahn der fünfziger Jahre, den „Großen Hecht“. Hier schon auf der Linie 11 zwischen der Endschleife in Bühlau und Coschütz.
Foto von Friedrich Spranger

Ein Straßenbahnzug der Linie 9 am Hubertusplatz in Trachenberge. Der Triebwagen mit der Nummer 1692 ist noch der originale aus den zwanziger Jahren.

Noch ein Straßenbahnzug der Linie 9 am Hubertusplatz. Aber jetzt ein paar Jahre später und in modernisierter Ausführung. Im Vergleich zum Triebwagen Nr.1692 offenbaren sich die Neuerungen: große, ungeteilte Frontscheibe und neu gestaltete Seitenfenster, nur noch ein Scheinwerfer und Fahrtziel und Liniennummer auf Rollband statt nur mit starrer Nummer auf Ecklaternen. – Die Drogerie und das Haushaltwarengeschäft sind heute abgerissen.
Fotos von Friedrich Spranger

„Ein Foto von 1952 mit meinem Vater, er war der Straßenbahnfahrer, und seinen zwei Schaffnerinnen an der Haltestelle Reitbahnstraße, wo die Linie 15 umgesetzt wurde."
Einsendung von Gunter Jork

Die Linie 3 auf idyllischer Kurvenfahrt durch den Plauenschen Grund zu Füßen der Begerburg. Die Straßenbahnverbindung zwischen Dresden und Freital, die sogar vom Wilden Mann bis nach Hainsberg reicht, wurde schon 1902 gegründet. Seit 1974 fahren hier nur noch Busse. Foto von Karl-Heinz Herberger

Den Standort des Autors dieses Fotos gibt es nicht mehr. Hans Kranke fotografierte 1959 links zum Hauptbahnhof hin und rechts Richtung Freital, durch das Geländer der Hohen Brücke. Sie führt an jener Stelle über die Gleise, da motorisierte Benutzer der Hohen Straße Richtung Stadtzentrum plötzlich vor einer Mauer stehen und scharf rechts auf die Bayrische Straße müssen. Auf dem rechten Bild sind auch die ebenfalls nicht mehr vorhandenen Chemnitzer Straßenbrücke und dahinter die Falkenbrücke zu erkennen.

Zu sehen sind hier keine Fotos vom Bau der neuen Eisenbahn-Marienbrücke von 2002, sondern von der schon mal erfolgten Erneuerung 1952, genau 50 Jahre vorher, in Höhe Kohlegleis. Fotos von E. Hennig

Das ist kein Abstellplatz ausgemusterter alter Straßenbahnwagen. Das ist ein Service der Verkehrsbetriebe Anfang der fünfziger Jahre an der Ernst-Thälmann-Straße in Hellerau. 1951 starten auf der Autobahnspinne die ersten Auto- und Motorradrennen. Um dorthin und wieder zurück zu gelangen, muss die Straßenbahn benutzt werden. Dafür werden gleich sechs Sonderlinien eingerichtet. Nun warten die Bahnen geduldig auf das Ende der Rennveranstaltung.
Foto von Friedrich Spranger

Der Reiz der Spinne

Nicht nur Fußball, auch Motorsport ist ein Zuschauermagnet

Die Wende macht es möglich: Urlaub in Dänemark. Nach dem Einkauf in einem kleinen Supermarkt auf der Ferieninsel Fanö steht der Inhaber hinter dem Auto, blickt gedankenverloren auf das Nummernschild mit DD und sagt dann in bestem Deutsch: „Ach ja, Dresden. Gibt es denn den DSC noch? Dort habe ich nämlich mit Helmut Schön mal Fußball gespielt!“ Der Mann ist einer von den Dresdner Sportlern, die 1950 auf einen der größten Fußballskandale mit Republikflucht reagieren. Am 17. April 1950 findet vor offiziell 50 000 Zuschauern im restlos überfüllten Heinz-Steyer-Stadion das Endspiel um die erste Fußballmeisterschaft der DDR zwischen der aus dem DSC hervorgegangenen SG Dresden-Friedrichstadt und der ZSG Horch Zwickau statt. Die eindeutig favorisierten, aber dann von Schiedsrichter und überhart einsteigenden Zwickauern nach und nach dezimierten Dresdner verlieren 1:5. Der anwesende stellvertretende Ministerpräsident Walter Ulbricht lässt bei der Siegerehrung mit seiner Bemerkung die Katze aus dem Sack: „Es ist mir eine große Freude, dass es gerade die Mannschaft eines volkseigenen Betriebes ist, die die ersten Fußballmeisterehren errungen hat. Dadurch wird die Richtigkeit des Weges der demokratischen Sportbewegung bewiesen, die ihre Basis unter den Werktätigen der volkseigenen Betriebe hat.“ Unter den neun, die im Juni 1950 Dresden und der DDR den Rücken kehren, ist auch Helmut Schön, der dann als Fußball-Bundestrainer für die BRD Welt- und Europameistertitel erringt.

Autobahnfahrer nach Berlin oder Görlitz bewegen sich auf historischer Sportstätte. Und wer ab Dresden-Nord auf einem Stück der Strecke 123,27 Stundenkilometer fährt, erreicht einen Geschwindigkeitsrekord und wird gesamtdeutscher Sieger. So wie Paul Greifzu am 17. Juni 1951. Am Tag zuvor wird mit dem offenen III. Meisterschaftslauf der DDR für Motorräder und Wagen eine neue deutsche Rennstrecke, die Hellerauer „Spinne“, eröffnet. Sie verläuft ab Start und Ziel an der Feldstraße gegenüber der Rähnitzer Höhe zunächst auf der rechten Autobahn Richtung Berlin. Am Fürstenweg ist eine Kehre, die zu Ehren des später tödlich verunglückten Rennfahrers Paul Greifzu nach ihm benannt wird. Zurück geht es bis zum „Karussell“, der Autobahnauffahrt von Berlin nach Bautzen. Hier steht auch die größte, 4 000 Zuschauer fassende Tribüne. Kurz vor dem Großen Radenberg kommt die Kurve der Freundschaft, die die Strecke über den Berliner Ring auf die Berliner Autobahn führt, um dort gleich wieder in der Kurve der Jugend die Autobahnabfahrt Richtung Dresden zu nehmen. An der Autobahngabel führt die Südkurve wieder zum Start- und Zielpunkt. Gesamtlänge: 6,443 Kilometer. Das Fahrerlager für 225 Motorräder, 63 Seitenwagengespanne und 67 Sport- und Rennwagen nebst ihren Fahrern ist an der Autobahnmeisterei eingerichtet. Gefahren werden neun Rennen, mit Motorrädern bis 125 ccm und bis 250 ccm jeweils für Lizenz- und für Ausweisfahrer, bis 350 ccm Lizenz, bis 500 ccm Lizenz und Ausweis, mit Seitenwagengespannen bis 500 ccm und bis 750 ccm ebenfalls jeweils für Lizenz und für Ausweis sowie mit Sportwagen der Klassen bis 1 000, 1 500 und 2 000 ccm. Den Höhepunkt für die 200 000 Zuschauer bilden zum Schluss die Rennwagen Formel II mit bis zu 2 000 Kubikzentimetern. Dieser Lauf wird drei Runden früher abgebrochen, weil nur noch ein Fahrer auf der Strecke ist: der Suhler Paul Greifzu in seinem BMW-Eigenbau. Aus Dresden sind bei der „Spinne“-Premiere die Rennfahrer Heinz Melkus in seinem 2-Liter-Aro-Veritas-Rennauto und Ewald Kluge aus Weixdorf auf der „Singenden Säge“ dabei. In dreijähriger Rennpause wird die Strecke ab 1954 umgebaut und bietet künftig auf nun 5,3 Kilometern internationalen Sport.

Motorradrennfahrer Bernhard Petruschke aus Kleinmachnow kommt 1951 als Führender in der Meisterschaftsklasse IV bis 125 Kubikzentimeter zur Premiere einer neuen Rennstrecke nach Dresden. Die 125er Lizenzfahrer weihen die 6,44 Kilometer lange Hellerauer „Spinne“ am 16. Juni ein. Petruschke wird hinter dem Berliner Seidel nur Zweiter. Dessen erster Rundenrekord steht bei 90,7 Stundenkilometern. Ab 1954 wird die Strecke wieder umgebaut und 1957 erneut eröffnet. Jetzt beträgt ihre Länge aber nur noch 5,3 Kilometer zwischen Südkurve, Paul-Greif-zu-Kehre, Karussell, Kurve der Freundschaft und wieder zur Südkurve.
Foto von Frieder Delang

Autobahnspinne Dresden-Hellerau

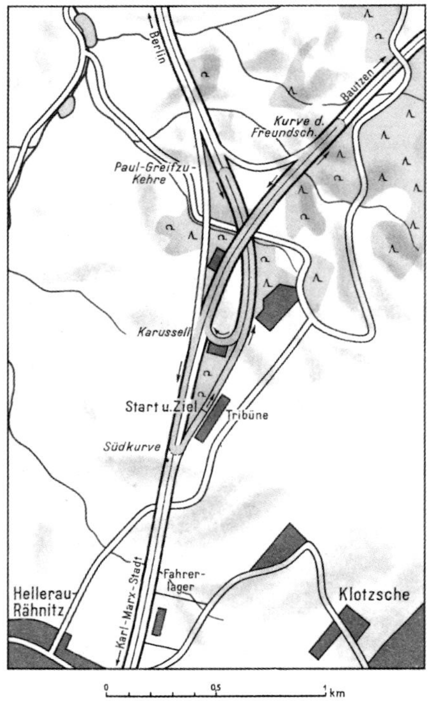

Start zum vorerst letzten Rennen der Viertelliter-Klasse auf der alten „Spinne“ 1954.
Foto von Frieder Delang

Die Amateure unter den Rennfahrern, die Ausweisfahrer, gehen auf die Strecke. Der mit Balken abgestützte hölzerne Zielrichterturm wird beim Umbau bis 1957 erneuert.

Momentaufnahme der scheinbar gemütlich fahrenden kleinen Sportwagenklasse. Wesentlich rasanter dagegen sehen die Rennen der Seitenwagengespanne aus. Beim Durchfahren des Karussells müssen sich die „Schmiermaxe“ wagemutig ins Freie hängen.
Fotos von Frieder Delang

Beim Vergleich mit dem gegenüberstehenden Foto sind die Unterschiede zwischen Sportwagen, hier beim Start, und Rennwagen zu sehen.

Die stärksten und schnellsten Fahrzeuge, die auch bei den Rennen auf der Hellerauer „Spinne“ ihre Runden drehen, sind die 2 000-Kubikzentimeter-Rennwagen der Formel II. Man beachte, dass es für die Zuschauer keine Sicherheitsbedingungen gibt. Fotos von Frieder Delang

Momente des Zuschauermagneten Internationale Radfernfahrt für den Frieden. Die VIII. Friedensfahrt 1955 von Prag über Berlin nach Warschau geht nach 1952 wieder durch Dresden. Und die Stadt ist sogar Etappenort. Ab Stadtgrenze führt die Strecke über die Bergstraße, Prager Straße, Marienstraße und Ostra-Allee ins Heinz-Steyer-Stadion. Sieger der fünften Etappe wird Verhelst aus Belgien. Gustav-Adolf Schur ist nur 14. Am Ziel in Warschau aber steht „Täve" auf dem Siegerpodest und erringt mit dem Friedensfahrt-Gesamtsieg den größten Erfolg eines deutschen Radsportlers.
Fotos von Hans Lehmann

Es ist Montag, der 23. April 1951, und für 45 000 Dresdner gibt es nur ein Ziel: das Heinz-Steyer-Stadion. Hier findet das erste Fußballfreundschaftsspiel zwischen einer deutschen und einer polnischen Mannschaft nach dem Krieg statt. Den Gästen, eine mit erfahrenen Spielern verstärkte Gewerkschaftsauswahl aus Warschau, steht eine Sachsenauswahl gegenüber. Deren Betreuer Richard Hofmann beruft auch zwei Dresdner in die Mannschaft: den 31-jährigen Verteidiger Heinz Bleschke und den erst 22-jährigen Werner Folde, beide von Tabak Dresden. Der junge halblinke Stürmer Folde – hier am Ball und auch Einsender dieses Fotos – vergibt leider viele gute Chancen. Die Sachsenauswahl verliert 0:2.

„Wenn der Sekundenzeiger oben ist, senke ich die Startflagge und ihr rennt los!" – Auf dem Sportplatz der Betriebssportgemeinschaft Post an der Hebbelstraße startet in den fünfziger Jahr ein ungewöhnlicher Lauf „Rund um Cotta". Die Teilnehmer sind nämlich Dresdens Briefträgerinnen.
Foto von Volkmar Schnabel

Diese sportlichen Jungs und Mädels sind Berufsschüler an der „Prof.-Dr.-Zeigner"-Schule und sammeln Kraft bei ihrem Sportfest im Sommer 1952 auf den Anlagen im Ostragehege. Foto von Helga Skoczowsky

Das Heinz-Steyer-Stadion ist im September 1959 Austragungsstätte für ein internationales Leichtathletik-Sportfest. Höhepunkt dabei ein Rudolf Harbig-Gedenklauf aus Anlass des zwei Jahrzehnte bestehenden Weltrekordes Harbigs über 800 Meter, den er im Jahre 1939 aufstellte. Foto von Peter Luckwaldt

150 000 Menschen sitzen auf den Hängen unterhalb der Elbschlösser und stehen am Käthe-Kollwitz-Ufer. Was ihnen an dem internationalen Flugtag am 26. Juli 1959 auf den Elbwiesen geboten wird, haben sie vorher noch nicht erlebt. Piloten und Fallschirmspringer der Gesellschaft für Sport und Technik GST und von deren tschechoslowakischer Partnerorganisation, die die Weltrekordler im Fallschirm-Zielspringen in ihren Reihen haben, zeigen drei Stunden lang atemberaubende Kunstflüge mit Motor- und Segelflugzeugen, Ballonstechen in der Luft und natürlich Absprünge mit 20 Sekunden langem freiem Fall. Foto von Alf Steiger

Sie heißen „Pionyr“ und „Baby IIb“, „Meise“ und „Libelle“. Am 1. Mai 1953 starten erstmals Segelflugzeuge offiziell von einem Gelände, das als Einmaligkeit in Deutschland Start- und Landeplatz mitten in der Stadt ist, nämlich auf den Johannstädter/Blasewitzer Elbwiesen. Die mit Trümmern aufgefüllte und mit dünner Grasnarbe bewachsene Fläche ist für die Segelflieger ideal. 26 Jahre lang darf zwischen Elbe und Wohngebiet dieser luftige Sport ausgeführt werden, dann ist es mit der Attraktion zu Ende. Foto von Peter Luckwaldt

Das große Abzeichen mit dem Dresdner Stadtwappen macht kenntlich, dass der Mann einen ordentlichen Speziallehrgang an der Volkshochschule absolviert hat. Nur dann nämlich darf er sich „geprüfter Stadtführer“ nennen. Anfang der fünfziger Jahre beschränkt sich der geführte Stadtrundgang, der täglich – auch an Sonn- und Feiertagen – von 7.30 bis 18 Uhr angeboten wird, nur auf die Innenstadt. Mit dem weiteren Wiederaufbau des Zwingers wird dieser in die Führungen von Gruppen mit jeweils 30 Personen einbezogen. Ausgangspunkt ist das Kronentor, der Unkostenbeitrag beträgt 70 Pfennig.
Foto von Helmut Reißaus

Trockener Rücken für Madonna

Dresden kehrt in die Spitze der weltbekannten Kunststädte zurück

„Bei uns wird kein Bild an einer nassen Wand hängen. Wir sind an die Fernheizung angeschlossen, und für den Sommer haben wir im Notfall eine transportable Klimaanlage.“ Max Seydewitz, Sachsens Ministerpräsident bis zur Auflösung des Landes 1952 in drei Bezirke, wird 1956 neuer Generaldirektor der Staatlichen Kunstsammlungen. Seine erste große Aufgabe ist die Entgegennahme weltberühmter Gemälde. 750 sind es zunächst, die zum 750. Jahrestag der Stadtgründung Dresdens aus der UdSSR in ihre Heimstatt kommen. Ab dem 3. Juni 1956 können Menschen aus aller Welt in der Dresdner Gemäldegalerie wieder den Glanz Alter Meister bewundern. Nur der Volksmund tuschelt bissig: „Jetzd ham uns de Sowjets endlich die Gemälde wiedergegehm, die uns 1945 de Russen gemaust ham.“ Tatsächlich schickt wenige Wochen später ein Mann aus Westdeutschland einer Frau im Cottaer Grund bei Pirna einen Brief. In ihm eine Auflistung aller der Bilder, die aus Dresden in dem Cottaer Tunnel in einem Eisenbahnwaggon vor der Bombardierung in Sicherheit gebracht worden waren. Nach Ende des Krieges werden diese und andere Kunstschätze durch die Rote Armee in die Sowjetunion überführt. Die Empfängerin jener Bilderliste solle doch mal überprüfen, ob auch alle aufgezählten Gemälde in der Galerie in Dresden zu sehen sind. Die gesamte Rückgabe umfasst 1 240 Gemälde, nachdem 1955 die Regierung der UdSSR einwilligt, die im Moskauer Puschkin-Museum ausgestellten Kunstschätze aus Dresden zurückzugeben. Diese Aussicht beschleunigt den Wiederaufbau der zerbombten Sempergalerie, für den genau ein Jahr zur Verfügung steht. Bis zum 15. Mai 1956 werden der Ostflügel und der Mittelbau fertig. Noch während der Aufbauphase der Gemäldegalerie bereitet die Gesellschaft zur Verbreitung wissenschaftlicher Kenntnisse durch Vorträge in Großbetrieben die Werktätigen auf die Rückkehr der Alten Meister vor. Nach Zwischenstopp einer Ausstellung in der Berliner Nationalgalerie beginnt dort am 27. April 1956 die Reise eines Stücks Weltkulturschatz zum Zielort Dresden. In der Transportkiste Nummer 100 befindet sich wohl verpackt die „Sixtinische Madonna“. Teil zwei der Rückgabeaktion vollzieht sich 1959. Unter dem Motto „Der Menschheit bewahrt“ zeigt das Albertinum ab 8. Mai zurückgekehrte Exponate des Grünen Gewölbes, der Porzellansammlung, des Kupferstich- und des Münzkabinetts, des Historischen Museums und der Antikensammlung. Ab September treffen weitere mehr als 500 Kisten aus Moskau und Leningrad in Dresden ein. Mit einer zusätzlichen großen Ausstellung in der Osthalle der Sempergalerie des Zwingers ab 4. November 1958 wird den Dresdnern und Gästen der Stadt ein Großteil der nun wieder heimischen Exponate präsentiert. Es sind weit über eine Million zurückerhaltener Kunstschätze. Dresden gehört dadurch wieder zur Spitze der Kunststädte der Welt. Der fast völlig zerstörte Westflügel der Gemäldegalerie wird 1957 fertig. Damit ist ein bedeutsamer Schritt beim Wiederaufbau von Dresdens architektonischem Präsentierteller, dem Zwinger, getan. Diese einzigartige Vollendung barocker Baukunst war 1945 bis auf die Grundmauern zum Trümmerfeld geworden. Von den 800 Figuren des Zwinger-Schmucks bleiben nur 200 von den Bomben unzerstört. Zu diesem resignierenden Anblick äußert sich im März 1945 Hitlers Propagandaminister Goebbels: „Nie wieder werden im Zwinger an warmen Sommerabenden die festlichen Klänge der Zwinger-Serenaden ertönen.“ Am 8. Juni 1957, dem Pfingstsonntagabend, hebt Generalmusikdirektor Rudolf Neuhaus den Taktstock für das Dresdner Kammer-Orchester. Die Ouvertüre zur Oper „Euresteo“ leitet die erste Zwinger-Serenade nach dem Krieg ein.

Sie sind einen Meter hoch und haben je 1,70 Meter Flügelspannweite. In hauchdünnem Goldüberzug bilden die vier polnischen Adler mit Augusts polnischer Königskrone das Wahrzeichen des Dresdner Zwingers. Förmlich aus Ruinen emporgeschwungen zeigen sie sich 1952 wieder in ursprünglicher filigraner Eleganz. Schon ab 1951 sind mit der wiederhergestellten Zwingergraben-Brücke und den Langgalerien bis zur Porzellansammlung und zum Mathematisch-Physikalischen Salon die ersten Ergebnisse des Wiederaufbaus zu sehen. Der gilt zwar als fünfte Restaurierung seit Abschluss der Zwingerbebauung 1732, ist aber auf Grund des Ausmaßes der schweren Zerstörung von 1945 wohl mehr als das.

Künstlerischer Höhepunkt der Zwingerbauten ist der schon 1719 entstandene Wallpavillon. Ihn trafen die Angriffe im Februar 1945 besonders schwer. Er stürzte, wie die anderen Bauwerke auch, nicht nur in sich zusammen, sondern durch die Sogwirkung der Bomben drückte es seine Säulen außerdem vertikal bis zu 25 Zentimeter aus ihrem Stand. Auch dieser unfassbare Zustand hält Männer um Dr. Hubert Ermisch nicht ab, schon im Herbst 1945 an ein Neuerstehen des Juwels barocker Baukunst zu denken. Nach Ermischs Tod 1951 wird sein Anliegen von Dr. Max Zimmermann und Prof. Arthur Frenzel fortgeführt. Die Bildhauerarbeiten leitet Albert Braun, die Kupfertreibarbeiten Walter Flemming. Der Gesamtaufbau wird von der Firma Hermann Ullrich durchgeführt.
Fotos von Walter Töpfer

Mit anderen Figuren wartet der restaurierte überlebensgroße Herkules mit der Weltkugel auf der Schulter im Zwingerhof auf die Rückkehr zu seinem angestammten Platz.
Foto von Peter Luckwald

Der „Herkules Saxonicus" thront wieder auf dem Wallpavillon. Bereits zehn Jahre nach seiner Zerstörung ist 1955 der Zwinger zu wesentlichen Teilen wieder aufgebaut. Beteiligt daran sind fast ständig 12 Bildhauer, 80 Handwerker und 26 Bildhauer- und Steinmetzlehrlinge.
Foto von Frieder Delang

In den fünfziger Jahren zieht ein Mann mit seinem Orchester die Dresdner magisch an: Max Feiereis und das Dresdner Konzert-Orchester. Selbst als 75-Jähriger lässt es sich 1957 der Musikdirektor nicht nehmen, gleich vier Konzerte zu Pfingsten im Dresdner Zoo zu dirigieren. Auf dem Programm: Werke von Wagner, Weber, Tschaikowsky, Puccini, Johann Strauß und anderen.

Gastspiel des Dresdner Konzert-Orchesters unter Max Feiereis am 28. Februar 1952 im „Kurhaus Bühlau". Hier ist der Klangkörper oft zu Gast. Weitere beliebte Konzertstätten sind das „Parkhotel Weißer Hirsch", der „Gasthof Mockritz", die Stadthalle am Dr.-Kurt-Fischer-Platz. Wenn das Feiereis-Orchester im „Schillergarten" zu Freiluftkonzerten spielt, quetschen sich eintausend Zuschauer vor der Bühne, und ebenso viele stehen auf dem Blauen Wunder. Wegen zu großer Drängelei sperrt die Polizei 1954 aus Sorge um einen Einsturz die Brücke während der Zeit des Konzertes ab. Fotos von Edda Schulz

Bernd Jäckel ist zehn Jahre alt, als er 1952 in den berühmten Dresdner Kreuzchor aufgenommen wird. Der schon im 13. Jahrhundert erwähnte Knabenchor gilt nicht nur als ältestes, sondern auch als das bedeutendste Dresdner Kulturinstitut aus protestantischer Zeit. Und der Kreuzchor ist nach dem Krieg mit seinen Konzerten Botschafter dafür, dass Dresden noch lebt. Nebenstehend die Titelseite des Originalprogramms für eine Konzertreise durch Westdeutschland 1956. Das Foto dafür ist in der Kreuzkirche aufgenommen wurden, die am 13. Februar 1955 wieder geweiht werden kann. Das ist ein nachhaltiger Moment für Dr. Jäckel, der bis 1960 dem Kreuzchor angehört und diese Dokumente zur Verfügung gestellt hat.

K

KONZERT
DES DRESDNER KREUZCHORS

LEITUNG: KREUZKANTOR PROF. DR. RUDOLF MAUERSBERGER

Dieser junge Dirigent ist der 19-jährige Peter Schreier. Bevor er der international bekannte Startenor wird, beweist er seine Begabung und sein Können 1954 als 1. Chorpräfekt des Dresdner Kreuzchores, dem er seit 1945 angehört. Der Chorpräfekt gilt als Stellvertreter des Kantors. Der damalige Kreuzkantor Prof. Dr. Rudolf Mauersberger hat für dieses Ehrenamt Peter Schreier ausgewählt. „Eigentlich wollte ich ja Dirigent werden, doch dann hat mich Professor Mauersberger zum Gesang gedrängt“, erinnert sich Prof. Peter Schreier. Foto von Dr. Bernd Jäckel

Denkmale sind bleibend: Im Mai 1866 bekommt das gotische „Gymnasium zum heiligen Kreuz“ auf dem zugeschütteten Jüdenteich unweit der Bürgerwiese ein neues Schulgebäude. 1871 wird vor dieser Kreuzschule am Georgplatz zum Gedenken an den Tod des einstigen Kreuzschülers und Lützowschen-Freikorps-Jägers Theodor Körner ein Denkmal aufgestellt. Das Bronzestandbild Körners stammt vom Bildhauer Ernst Hähnel. 1945 fällt es schwer beschädigt vom Sockel. Es wird restauriert und nach Beseitigung der Trümmer der Kreuzkirche bereits 1952 an annähernd ursprünglicher Stelle wieder aufgestellt. Foto von 1955 von Hans Kranke.

Denkmale sind vergänglich: Aus Anlass des 70. Todestages von Karl Marx im März 1953 wird auf dem Platz der Einheit vor dem Stalin-Pavillon (im Fotohintergrund die Ecke Bautzner Straße/Alaunstraße) mit einem steinernen Denkmal „des größten Deutschen gedacht". „Dieser Wurzelzwerg ist eine Verunglimpfung von Karl Marx, weg mit dem Machwerk!", fordern empörte Dresdner. Sie werden erhört. Noch vor Eröffnung der Ausstellung „Die Lehre von Marx ist allmächtig ..." im Pavillon wird das Denkmal in einer Nacht-und-Nebel-Aktion wieder entfernt.
Foto von Herbert Zinner

Auch wenn solche Anblicke nach den Sturzfluten und dem Jahrhunderthochwasser im August 2002 schmerzen, diese Fotos zeigen Auswirkungen der Überschwemmungen der Friedrichstadt durch die Weißeritz (oben die Weißeritz-/Friedrichstraße) und von Niedersedlitz durch den Lockwitzbach (unten die Bahnhofstraße) am 5. und 6. Juli 1958. Am folgenden Montag, dem 7. Juli, überprüfen 60 Arbeiterkontrolleure das Ausmaß der Schäden bei der Versorgung der Bevölkerung. Dabei müssen sie feststellen, dass eine Bäckerei auf der Freiberger Straße zwar ein Schild „Wegen Hochwasser geschlossen" hängen hat, aber gar nicht vom Wasser betroffen ist. Der Bäcker will sich nur in Ruhe einem privaten Großauftrag für eine Silberhochzeit widmen. Fotos von Peter Leuter/Christian Clemens

Andere Formen von Wasser: Der Winter 1959 beschert den Dresdnern viel Schnee und große Kälte. Dadurch wird es möglich, die Lehmgrube an der Nöthnitzer Straße als Rodelbahn zu nutzen (links), und im Pieschener Winkel über die zugefrorene Elbe zu spazieren.
Fotos von Hans Kranke/Frieder Delang

Hier trifft der Spruch „Ein Bild sagt mehr als tausend Worte“ voll zu. Die Leuchtschrift am Rathaus im Juni 1956 kündet von einem Stadtjubiläum.
Foto von Walter Töpfer

Bacchus in Hosen

Die Feier zum 750. Stadtjubiläum wird verschoben

Es regnet und regnet und höret nimmer auf. Und das zum hohen, runden Geburtstag. Dem 750. von Dresdens Stadtgründung. Der Höhepunkt am 10. Juni 1956 ist monate-, gar jahrelang vorbereitet worden. Und nun dieser Regen und keinerlei Aussicht auf Besserung. Dass zum allerersten Mal in Dresden ein Stadtjubiläum gefeiert werden soll, steht unter keinem guten Himmel. Doch in Anbetracht dieser miserablen Situation geschieht etwas, was bei 1.-Mai-Demonstration oder 7.-Oktober-Festivität undenkbar wäre: Die Stadt verschiebt ihren 750. Geburtstag in Hoffnung auf günstigere Wetterverhältnisse um zwei Wochen!
Die 750-Jahr-Feier ist mehr als nur ein Stadtfest zum Feiern. Das Jubiläum ist Anlass für eine Art Zwischenbilanz nach dem Beginn des Wiederaufbaus. Im engeren Stadtgebiet sind annähernd 12 000 Wohnungen neu entstanden und 48 540 Quadratmeter Bürofläche als Ersatz für 114 zerstörte Verwaltungsgebäude nutzbar gemacht. Allein zur Trümmerbeseitigung stehen 100 Millionen DM und für den Wiederaufbau und die Instandsetzung bedeutender historischer Kulturdenkmäler in der Stadt 18 Millionen DM Investmittel zur Verfügung. Ein Rundblick über den Altmarkt zeigt, dass auf der Westseite der Anbau für das erste HO-Warenhaus vor der Vollendung und ebenso die Gaststättenkomplexe „Café Prag" sowie auf der Ostseite „Haus Altmarkt" mit insgesamt 1 250 Plätzen vor ihrer Eröffnung stehen. Mindestens jeder einhundertste Haushalt nennt jetzt einen Fernsehapparat sein Eigen, und das IKEA der DDR, die Deutschen Werkstätten Hellerau, bieten kombinierfähige Anbaumöbel an. Im ausgebauten Johanneum gibt es nun ein Verkehrsmuseum, und gegenüber 1950 fahren nicht mehr bloß 17 395 Autos und Motorräder auf Dresdens Straßen, sondern bereits 30 078. Der VEB Jasmatzi sorgt mit der täglichen Herstellung von über zwei Millionen Stück Zigaretten für keine Engpässe bei Aufputschmitteln. Dagegen ist der Umsatz des Pfandleihamtes um mehr als die Hälfte auf 401 235 DM ausgeliehene Gelder für in Pfand genommene Gegenstände zurückgegangen. In Erwartung vieler Gäste zu den Feierlichkeiten des Stadtjubiläums erhalten die Verkehrsbetriebe der Stadt 46 moderne Straßenbahnwagen aus Gotha und 30 Busse der neuen „Ikarus"-Generation aus Ungarn. Das Fahrpersonal wird verpflichtet, ordentlich gekleidet den Dienst anzutreten und den Fahrgästen gegenüber höflich zu sein. Rüstige Rentner werden als Auskunftsdienste angeworben. So einiges wird getan, um die Stadt in ein repräsentatives Licht zu rücken. Es soll nicht zu sehr blenden, aber auch keine Schatten werfen. Der bekannte „Rathausesel", die Bronzefigur vor dem 1955 eröffneten „Ratskeller", ist solch ein Stein möglichen Anstoßes. Denn der Mann auf dem Tier ist betrunken und außerdem nackt! Das ist unästhetisch und gefährdet die Moral von Kindern und Frauen, die Dresden besuchen. Ein paar in der Nähe tätige Bauarbeiter lösen kurzerhand das Problem und bekleiden Bacchus mit einer Hose, gebastelt aus leeren Zementtüten. Wie pfiffig Dresdens Handwerker überhaupt sind, ist in einer Industrie- und Handwerksausstellung in der Stadthalle am Dr.-Kurt-Fischer-Platz zu sehen. 160 Betriebe der Stadt offerieren dort ihre aktuellen Erzeugnisse. Schlicht und einfach „750 Jahre Dresden" ist die große Jubiläumsausstellung betitelt, die im Deutschen Hygiene-Museum einen Überblick der Stadtentwicklung gibt. Am 24. Juni 1956 startet um 9 Uhr am Dr.-Kurt-Fischer-Platz der lang erwartete Festzug Richtung Theaterplatz. Die sechs Kilometer lange Parade zeigt in etwa 80 Bildern markante Ereignisse aus Dresdens Geschichte und der Gegenwart, gestaltet durch mehr als 6 000 Mitwirkende.

Zum 750. Jahrestag der Stadtgründung wird im Juni 1956 erstmals der Rathausturm angestrahlt.
Im Vordergrund ist noch die Rathausruine an der Schulgasse/Kreuzstraße zu erkennen.
Foto von Walter Töpfer

Die Begeisterung beim 750-jährigen Stadtjubiläum kennt keine Hindernisse und Grenzen, es ist selbst auf Torten in der Konditorei am Altmarkt präsent.
Fotos von Hans Lehmann/Helga Sievers

Journalisten und Fotoreporter haben das Ohr an der Masse und suchen immer einen kurzen Draht zu ihren Redaktionen.

Selbst zum hohen runden Geburtstag der Stadt macht der Frevel nicht vor Heiligtümern halt. Hier muss das Ziergitter am Grünen Gewölbe als Klettergerüst für besseren Überblick dienen.
Fotos von Helga Sievers

Gleichberechtigung oder Ehre dem weiblichen Geschlecht? Am Beginn des Festumzuges, der am Dr.-Kurt-Fischer-Platz und in der Königsbrücker Straße startet und nur wenige Zuschauer hat, wird das große Festschild von lustlos dreinblickenden Männern getragen. Foto von Helga Sievers

Im Stadtzentrum dann, wo Zehntausende die Straßen säumen, dürfen junge Frauen das aus gelben und schwarzen Kunstblumen gestaltete Stadtwappen schultern. Foto von Wolfgang Pöschel

Der Festzug wird von Mitwirkenden angeführt, die in verschiedenen Kostümen und mit entsprechenden Requisiten einige geschichtliche Etappen in der Entwicklung der Stadt darstellen. Fotos von Hans Lehmann und Wolfgang Pöschel

Breiten Raum nimmt das für Dresden wichtigste Kapitel seiner jüngsten Geschichte ein: die von der Rückkehr der ersten Flüchtlinge 1945 in die zerbombte Stadt bis zum Wiederaufbau der Stadt reicht, der ja 1956 die Gegenwart ist.
Fotos von Wolfgang Pöschel

„Jubilar“ heißt die neue 10-Pfennig-Zigarette, die der Dresdner VEB Zigarettenfabriken Jasmatzi aus Anlass des Stadtjubiläums produziert und im Festumzug überdimensional auf Mädchenbeinen laufen lässt. Kurz vor Weihnachten 1958 kommt mit der „Juwel“ die nächste neue Zigarette aus Dresden auf den Markt, so dass nun insgesamt 15 Sorten in der ganzen DDR hergestellt werden. Im April 1959 werden die volkseigenen Zigarettenfabriken Jasmatzi, Greiling, Macedonia und Kosmos zum VEB Dresdner Zigarettenfabriken zusammengeschlossen. Dadurch kommen nun 75 Prozent der DDR-Zigarettenproduktion aus Dresden. (Mitte,rechts) Die Trümmerfrauen wurden gefahren. Unter dem Symbol des Aufbaulöwen dürfen auf der einen Seite die Älteren und auf der anderen Seite die Jüngeren getrennt voneinander posieren. Fotos von Wolfgang Pöschel (2)/Helga Sievers

Der Technikbereich des Festumzuges wartet mit einigen hübschen Einfällen auf. So werden sowohl ein Nachbau der ersten Dampflokomotive „Saxonia" als auch die Entwicklung der Personenbeförderung von den Dresdner Rats-Chaisenträgern über die Pferdeeisenbahn bis zu den modernen Fahrzeugen der Verkehrsbetriebe gezeigt. Den gefährlichsten Part ob des holprigen Pflasters und der tückischen Straßenbahngleise hat der junge Mann auf seinem eisernen Rad. Fotos von Hans Lehmann

Vertreten im Festzug, der sich auf einer Länge von einem halben Dutzend Kilometern durch die Innenstadt windet, sind mit Festwagen das Dresdner Handwerk (links oben), das DEFA-Trickfilmstudio aus Obergorbitz (rechts oben), die Technische Hochschule (links unten) und ebenso „Pfunds Molkerei“ mit einem historischen Milchwagen. Schätzungen zufolge sind bei diesem Jubiläums-Höhepunkt 300 000 Menschen dabei. Offizielles Ende der 750-Jahr-Feier ist erst am 30. Juni 1956 mit einem Volksfest und einem Abschlusskonzert des Bergsteigerchors „Kurt Schlosser“ auf dem Altmarkt. An jenem Tag jährt sich zum zehnten Mal der Volksentscheid über die „Enteignung der Betriebe der Kriegs- und Naziverbrecher“. Fotos von Wolfgang Pöschel (3)/Dieter Lorenz

Guten Tag, Herr Fröhlich

Alles, was Unterhaltung bietet, wird dankbar angenommen

Mit einem Kredit von der Sparkasse in Höhe von 600 DM und dazu noch 286 DM aus dem eigenen Portemonnaie ist der Dresdner dabei. Für diese 868 Deutsche Mark kann er sich nämlich 1956 eine Schmalfilmkamera AK 8 mit modernem Schnellaufzug vom heimischen VEB Zeiss Ikon Werk kaufen und sich sein eigenes Fernsehen machen. Ereignisse gibt es in Dresden in diesen fünfziger Jahren schon so einige, die gewissermaßen auf der Straße stattfinden und die es lohnen, sie per Schmalfilm zu bewahren. Schon allein die kulturellen Feste und Feiertagsumrahmungen bieten sich an, sie öfters mal mit Hilfe des P 8-Projektors auf der als Leinwand dienenden weiß gestrichenen Stubentür anzuschauen. „Guten Tag, Herr Fröhlich – Guten Tag, Herr Schön. Wie geht´s denn so gewöhnlich? – Ach, es könnte besser gehen!" Beim filmisch festgehaltenen Auftritt der beiden Wiener Komiker kann deren Entree die ganze Familie auf dem Sofa im Takt mitsprechen. Das ist beim Fernsehen nicht möglich. Da muss jeder ganz leise sein, damit man auch den Ton hört.

Mit den Pressefesten, die die Sächsische Zeitung den Menschen aus dem ganzen Bezirk Dresden anbietet, bekommt ab 1954 die Bezirksstadt ihren Höhepunkt der jährlichen Volkfeste. Das Pressefest wird jüngstes der traditionellen Dresdner Feste, und mit Hunderttausenden von Besuchern das anziehungsreichste. Die Dresdner lieben alles, was ihnen an Unterhaltung, Belustigung und Selbstbetätigung angeboten wird. Und Altem halten sie nostalgische Treue: trotz mancher Schicksalsschläge – oder gerade deshalb. Die Stätte des schon vor mehr als einem halben Jahrtausend begründeten Vogelschießens, die Vogelwiese, verliert 1945 ihr seit 1874 dort angestammtes Domizil. Die Johannstädter Elbwiesen werden zur Ablagerung der Trümmer aus dem Stadtzentrum benötigt. Nach Zwischenstation auf der Neustädter Elbseite findet die Vogelwiese ab 1950 im Zoogelände erhoffte dauerhafte Aufnahme. Leider nur zwei Jahre lang. Der Zoo will sich vergrößern und braucht die Fläche. Die Karussells und Buden ziehen ab 1953 an den Fučikplatz, wohin sie 37 Jahre lang einladen. Erst 1991 können die Schausteller ihre Vergnügungsgeschäfte wieder an ursprünglichem Standort an der Elbe aufbauen. Nur sechs Jahre älter als die Vogelwiese ist der 1434 erstmals erwähnte Dresdner Weihnachtsmarkt. Das später als Striezelmarkt bekannte Winterfest zählt zu den bedeutendsten in Deutschland. Und dieser Striezelmarkt legt eindrucksvolles Zeugnis vom Überlebenswillen der Dresdner ab. Schon am 1. Dezember 1946 wird der erste Weihnachtsmarkt nach dem Krieg eröffnet. Da der Altmarkt noch Trümmerfeld ist, findet das Fest als Weihnachtsmesse mit 114 Händlern in der Stadthalle am Dr.-Kurt-Fischer-Platz statt.

Zu seinem 520. Geburtstag kehrt der Striezelmarkt ins Stadtzentrum zurück. Zunächst ab 4. Dezember 1954 mit 80 Buden auf den Theaterplatz, und ab 3. Dezember 1955 wieder auf den historischen Altmarkt. Unter einem 17 Meter hohen Baum aus Ullersdorfer Forst sind 160 weihnachtliche Stände aufgebaut. Rosige Ansichten, rosige Aussichten – das versprechen bereits ab 1950 Blumenschauen. Die Vereinigung der gegenseitigen Bauernhilfe VdgB ist Organisator einer Frühlingsblumenschau im April in der Orangerie im Schlosspark Pillnitz. Im Juli laden dorthin eine Rosenschau mit 20 000 Königinnen der Blumen und im November 1950 eine Chrysanthemenschau ein. 1951 haben die Dresdner in Pillnitz zusätzlich mit der Azaleenschau im März und einer Sommerblumenschau im August gleich fünf wundervolle Schnupperangebote in einem Jahr. Ein prächtiger Neustart für eine andere Dresdner Tradition.

Ärzte und Schwestern, Verwaltungsangestellte und technische Mitarbeiter des Stadtkrankenhauses Johannstadt vor der Demonstration am 1. Mai 1950, dem ersten Kampf- und Feiertag in der DDR. Foto von Ingeborg Böhme

Ebenfalls ein 1. Mai, aber 1958. Oben die zu Ehren des Tages geschmückten Neubauten an der Grunaer Straße (Foto von Ursula Schneider), unten ein noch trostloser Blick über die Schweriner Straße zum Postplatz
Foto von Peter Leuter.

Am 1. Mai 1953 ist Alt und Jung dabei – und natürlich auch die Sächsische Zeitung mit Blaskapelle.
Fotos von Helmut Laskosky/Annehilde Usbeck

Während am 1. Mai nach Ende des Demonstrationszuges durch die Wilsdruffer Straße auf dem Altmarkt immer Unterhaltung und Beköstigung lockt, verlagert sich die Feiertagsfeier 1956 auch zum Deutschen Hygiene-Museum an die Lingnerallee. Dort können die ersten neu gestalteten Räume besichtigt werden. Der Ausbau des großen Kongresssaales beginnt erst im Jahr darauf. Er wird am 11. Juni 1958 mit 1 050 Plätzen der Philharmonie als Konzertsaal übergeben. Fotos von Peter Kunze und Peter Luckwaldt.

Der 1. Mai 1957 im Spiegel der Anmut: Vor der Haupttribüne auf der Altmarkt-Nordseite zeigen Schülerinnen der Palucca Schule einen neuen modernen Tanz (im Hintergrund ist das zerstörte Johanneum zu sehen). Auf dem unteren Foto führen Turner und Gymnastinnen ihr sportliches Können vor. Fotos: Dr. Gerhard Bauermeister/Dr. Heinz Israel

Im Jahr darauf, am 1. Mai 1958, bietet die Gesellschaft für Sport und Technik GST im Großen Garten eine besondere Mutprobe an: Wagemutige können von einem auf einen Turm montierten Kranausleger springen – mit Fallschirm selbstverständlich.
Foto von Alf Steiger

Anlass für kulturelle Angebote ist auch der 7. Oktober, der Tag der Gründung der DDR. Die Programme haben internationale Bereicherung durch Tanz- und Musikgruppen, Chöre und Kapellen aus den befreundeten sozialistischen Ländern. Deren Darbietungen auf der großen Bühne an der Altmarkt-Südseite ziehen Tausende Dresdner in den Bann.

Zum zehnten Jahrestag der DDR 1959 gastiert das große Gesangs- und Tanzensemble aus Dresdens polnischer Partnerstadt Wroclaw. Bühnenbild ist ein stilisierter Kartenausschnitt aus dem Stadtplan, der mit den dunklen Gebäudegrundrissen den weiteren Aufbau der Stadt anzeigt.
Fotos von Alf Steiger

Die Pressefeste der Sächsischen Zeitung bieten ab 1954 den Dresdnern und den Bewohnern des Bezirkes das größte Volksfestspektakel und die attraktivste Unterhaltung, ob auf dem Altmarkt (rechts) oder auf der Hauptbühne im Großen Garten. Fotos von Frieder Delang vom 4. Pressefest im August 1957

Musikfans werden sich an die Namen erinnern: Zum 4. SZ-Pressefest 1957 spielt beim großen Sonntagnachmittagskonzert am 18. August im Großen Garten das berühmte Orchester Max Greger aus Westdeutschland. Als Starsolisten hat Greger die Sängerin Lolita und den Sänger Fred Bertelmann mitgebracht. Fotografiert von Christian Clemens

Einige Male bilden die atemberaubenden Vorführungen auf dem Hochseil von den Luftakrobaten Geschwister Weisheit den Abschluss der Pressefeste.

Zum Gaudi der Zuschauer können männliche Pressefestbesucher unter den fachkundigen Augen einer Kinderkrankenschwester auf der Bühne das Wickeln eines Babys üben. Ob wegen der plötzlichen Niederkunft einer hochschwangeren Pressefestbesucherin 1956 die Idee für diesen Babytest geboren wurde, ist nicht bekannt.
Fotos von Alf Steiger

Kinder haben keine Berührungsängste. Sie freuen sich richtig und ehrlich, wenn alljährlich zum Tag der Befreiung am 8. Mai die Sowjetarmee auf dem Übungsgelände am Heller ihre militärischen Fähigkeiten demonstriert und anschließend die Soldaten und ihre Technik zum Anfassen bereit sind. Noch viel mehr als für die jungen Dresdner aber ist dies für die Sowjetsoldaten aus der nahe gelegenen Garnison ein freudiger Tag, sind sie doch wenigstens ein paar Stunden lang mal außerhalb der Kasernenmauern und können andere Menschen und eben vor allem Kinder sehen.

Die „Stürmischen Wogen“, der nördliche der 1893/94 von Robert Diez geschaffenen Brunnen am Albertplatz, mussten weichen, damit 1946 das Ehrenmal für die Rote Armee aufgestellt werden konnte. Bis zur Wende finden dort zu politischen Anlässen Paraden, Kundgebungen und Kranzniederlegungen statt. Auf diesem Foto hält zum 10. Jahrestag der DDR am 7. Oktober 1959 Oberbürgermeister Herbert Gute eine Ansprache.
Fotos von Alf Steiger

Mit versteckter Kamera von E. Hennig am 17. Juni 1953 fotografiert: Vor dem „Italienischen Dörfchen“ ist ein Panzer der Sowjetarmee aufgefahren und sorgt mit schussbereit gesenktem Geschützlauf für Schrecken bei den demonstrierenden Arbeitern auf dem Theaterplatz und damit auch für die Beendigung des Volksaufstandes

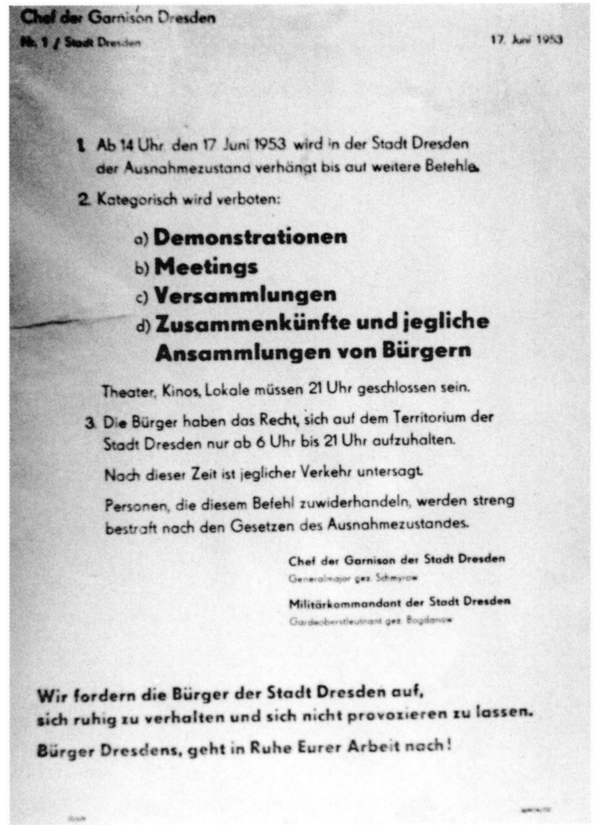

Chef der Garnison Dresden

Nr. 1 / Stadt Dresden

17. Juni 1953

1. Ab 14 Uhr den 17. Juni 1953 wird in der Stadt Dresden der Ausnahmezustand verhängt bis auf weitere Befehle.

2. Kategorisch wird verboten:

a) **Demonstrationen**

b) **Meetings**

c) **Versammlungen**

d) **Zusammenkünfte und jegliche Ansammlungen von Bürgern**

Theater, Kinos, Lokale müssen 21 Uhr geschlossen sein.

3. Die Bürger haben das Recht, sich auf dem Territorium der Stadt Dresden nur ab 6 Uhr bis 21 Uhr aufzuhalten.

Nach dieser Zeit ist jeglicher Verkehr untersagt.

Personen, die diesem Befehl zuwiderhandeln, werden streng bestraft nach den Gesetzen des Ausnahmezustandes.

Chef der Garnison der Stadt Dresden
Generalmajor gez. Schmyrow

Militärkommandant der Stadt Dresden
Gardeoberstleutnant gez. Bogdanow

Wir fordern die Bürger der Stadt Dresden auf, sich ruhig zu verhalten und sich nicht provozieren zu lassen.

Bürger Dresdens, geht in Ruhe Eurer Arbeit nach!

Der abfotografierte Aushang mit der Bekanntgabe des Ausnahmezustandes am 17. Juni 1953, unterzeichnet von Chef der Garnison und dem Militärkommandanten, eingesandt von Ursula Schneider.

Härte und Gewalt

Am 17. Juni 1953 knapp an einer Katastrophe vorbeigeschlittert

„Wir waren ganz schön sauer", erinnert sich Peter Kunze. Der Bauarbeiterlehrling ist mit weiteren Lehrlingen und Gesellen beim Mauern der Außenfront des vorletzten Neubaublocks an der Ecke Grunaer Straße/Erich-Weinert-Straße (Mathildenstraße) beschäftigt. Plötzlich kommt eine riesige Menschenmenge mit Arbeitern aus dem Sachsenwerk Niedersedlitz die Straße entlang. Viele von ihnen rufen „Schluss mit der Arbeit!" Als Steine geschmissen werden, ordnet Meister Schmidt den Rückzug von der Baustelle an und schickt die Jungs nach Hause. „Da keine Straßenbahnen fuhren, sind wir Richtung Neumarkt gelaufen. Auf der Dimitroffbrücke, jetzt wieder Augustusbrücke, kamen uns sowjetische Panzer entgegen." – Es ist der 17. Juni 1953, der Tag des Volksaufstandes in der DDR gegen zu hohe neue Arbeitsnormen und Betriebskollektivverträge, die die soziale Lage der Arbeiter verschlechtern. Das Aufbegehren wird von Sowjetarmee und kasernierter Volkspolizei niedergeschlagen. Als die Bauarbeiter am nächsten Tag auf der Grunaer Straße weiterarbeiten wollen, finden sie ihre Baustelle verwüstet vor. Arbeiter haben auf dem Heimweg ihren Ärger über das Scheitern des Aufstandes an der Arbeit anderer ausgelassen. „Die Stimmung in den Massen der Bevölkerung war aber auch aufs äußerste gereizt", weiß Gerhard Vetter. „Die Leistungsanforderungen von Seiten der Ministerien und der Parteiführung wurden immer höher und die Arbeitsnormen immer schlimmer. Unverhältnismäßig hohe Strafen für kleinste Diebstähle sollten abschrecken. Für ein paar mitgenommene Schrauben oder Nägel, die es ja kaum zu kaufen gab, musste mit zwei Jahren Gefängnisstrafe gerechnet werden. Die gesamte Politik wurde nur noch mit Härte und Gewalt durchgesetzt. Eine Explosion benötigte nur noch einen Zündfunken. Am 17. Juni 1953 war es dann so weit. In vielen Betrieben legten Arbeiter ihre Arbeit nieder und demonstrierten auf der Straße gegen das Ulbricht-Regime. Fahnen und Transparente wurden abgerissen. Es war eine sehr kritische Situation entstanden." Ab 14 Uhr verhängen der Chef der Garnison und der Militärkommandant der Stadt Dresden, Generalmajor Schmyrow und Gardeoberstleutnant Bogdanow, den Ausnahmezustand. Er beinhaltet das kategorische Verbot von Demonstrationen, Meetings, Versammlungen sowie Zusammenkünften und jeglichen Ansammlungen von Bürgern. Die Dresdner „haben das Recht, sich auf dem Territorium der Stadt Dresden nur ab 6 Uhr bis 21 Uhr aufzuhalten" – in der restlichen Zeit müssen sie sich in Luft auflösen. Theater, Kinos und Lokale müssen ab 21 Uhr geschlossen werden. „Nach dieser Zeit ist jeglicher Verkehr untersagt." Die Situation für die Menschen der Stadt wird am Nachmittag hochbrisant. Gerhard Vetter: „Auf dem Altmarkt und auf dem Postplatz lagen Soldaten der Sowjetarmee hinter schussbereiten Maschinengewehren auf dem Straßenpflaster. Vor dem Telegraphenamt am Postplatz fuhren sowjetische Panzer auf. Nach und nach waren alle wichtigen Gebäude und die Brükken militärisch gesichert. Waffengewalt sollte den berechtigten Volkszorn niederdrücken." Der 17. Juni wird nach der politischen Wende zum Gedenktag.

Ein Tag des Gedenkens könnte auch der 4. März sein. An diesem Tag kommen 1959 Willi Lehmann, Kurt Bemme, Georg Eismann und Paul Heerling auf tragische Weise ums Lebens. Es sind die beiden Versuchspiloten, der Flugversuchsingenieur und der Bordingenieur eines im VEB Flugzeugwerke Dresden in Klotzsche entwickelten Flugzeuges. Mit dem Absturz der Versuchsmaschine V1 der „B152" geht der Traum von Partei und Regierung der DDR vom ersten deutschen Düsenpassagierflugzeug abrupt zu Ende.

Das ist sie, die legendäre „152“ auf dem Weg zum Rollfeld des Flughafens in Klotzsche. Der Passagierjet, der in den Dresdner Flugzeugwerken entwickelt und gebaut wird, soll das erste deutsche Passagierflugzeug mit Turbinenstrahlantrieb werden. Nach erfolgreich absolviertem Testflug am 4. Dezember 1958 wird das erste Versuchsmuster V1 des ersten deutschen Düsenpassagierflugzeuges „B152“ am 4. März 1959 zum zweiten Flug gerollt. 12.55 Uhr erfolgt die Starterlaubnis, 56 Minuten danach stürzt die Maschine aus 250 Metern Höhe bei Ottendorf-Okrilla auf ein Feld. Vier Menschen sterben. Holger Lorenz, der aus seiner Sammlung dieses Foto zur Verfügung stellt, hat in jahrelangen Recherchen mit dem Dresdner Verkehrsmuseum eine einzigartige und vollständige Dokumentation über die „152“ zusammengestellt.

Souvenir aus Schweden

1958 öffnet die erste Selbstbedienungs-Gaststätte

Es ist ein Phänomen: Da muss ein Dresdner zu den wichtigsten Dokumentaristen ganz Sachsens gezählt werden, und man kennt ihn nicht. Über 50 Jahre lang zieht er durch Gassen und Straßen, über Wiesen und Felder des Landes und dokumentiert Stück für Stück seine Heimat. Darunter auch vorübergehende Ereignisse, überwiegend aber das Aussehen eines Hauses, eines Giebels, einer Mauer, eines Zaunes und, und, und. Akribisch festgehalten in Aquarellen und Federzeichnungen, mehr noch aber in acht mal acht Zentimeter kleinen Bleistiftskizzen. Der Mann, der mehr malt und zeichnet, als er sich Zeit zum Essen nimmt, heißt Richard Bernhardt. 1900 in Oberpesterwitz geboren, in Niedergorbitz aufgewachsen, wohnt Bernhardt ab 1929 bis zu seinem Tod 1977 in der Langen Straße in Löbtau. Allein an Bleistiftzeichnungen hinterlässt er mehr als 23 000 mit fortlaufender Nummerierung in selbst gebundenen kleinen Skizzenbüchern. Etwa 280 sind es – fast die Hälfte davon ist verschollen. Dass es nicht mehr sind, ist dem Entdecker von Meister Bernhardts Werk, Peter Mende, zuzuschreiben. Dank ihm sind von Richard Bernhardt mehr als 1 300 Motive aus Dresden in den fünfziger Jahren erhalten, von denen es keine Fotos gibt. Und darauf stützt sich auch des öfteren das Denkmalschutzamt, wenn Bauwillige ihren Häusern oder Höfen das ursprüngliche Aussehen bis ins Detail zurückgeben wollen. Dann geht es auf Suche durch die Bücher mit Bernhardts Skizzen.

Was den Postplatz betrifft, so wird das sicherlich nicht notwendig sein. Denn kein einziger Stein mehr ist dort von einem Gebäude vorhanden, das sogar in der DDR-Entwicklung Geschichte schrieb. Mit dem Rücken zur „Käseglocke“, dem Informationscenter der Dresdner Verkehrsbetriebe, stehend und Richtung Schauspielhaus blickend, bedarf es schon gehöriger Vorstellungskraft. Wer sie hat, sieht so etwa zwischen der Abfahrt der Straßenbahn-Stadtrundfahrt und der stadtwärtigen Haltestelle der Linie 11 halbrund zur Schweriner Straße hin ein großes Haus stehen. Es ist das „Palast-Hotel Weber“. Nach der Bombardierung Dresdens wird es zur Ruine. Im noch funktionstüchtigen Erdgeschoss richtet die volkseigene Handelsorganisation HO 1948 die erste freie Gaststätte unter dem Namen „Theater-Café“ – wegen der Nachbarschaft des Großen Schauspielhauses – ein. Genau zehn Jahre danach beginnt hier eine gastronomische Revolution. Am 1. Oktober 1958 eröffnet der Dresdner HO-Gaststättenbetrieb mit dem „Gastronom“ die erste Gaststätte auf Selbstbedienungsbasis in der DDR. Der damalige Betriebsdirektor Kühberger stibitzt im kapitalistischen Ausland und bringt ein „Souvenir“ aus Schweden nach Dresden mit: ein Restaurant mit Ticketsystem. Jeder Gast erhält am Eingang einen rechteckigen Wertbon, der mit Preisangaben für 25 Speisen und Getränken bedruckt ist. An dem 26 Meter langen Büfett kann der Gast auswählen, den jeweiligen Betrag kennzeichnen die Verkäufer mit einer Lochzange auf seinem Ticket. Beim Verlassen der Gaststätte wird an der Kasse der Gesamtpreis berechnet und kassiert. Erst dann weicht die Angst, dass man bei Verlust des Tickets 20 DM Strafe zahlen muss. Der „Gastronom“ ist von 6 bis 24 Uhr geöffnet, er hat 150 Speisen – davon 20 warme Gerichte von 11 bis 23 Uhr – und Getränke zur Auswahl und verfügt über 12 Stehtische für je zehn Personen sowie 50 Sitzplätze. Durch dieses Ticketsystem, das wegen akuten Arbeitskräftemangels der Vorläufer der späteren Selbstbedienungs-Gaststätten ist, werden allein in einer Einrichtung dieser Größe 19 Kellner eingespart. Ende der sechziger Jahren erfolgt der vollständige Abriss des „Palast-Hotel Weber“ mit dem „Gastronom“.

Nur zehn ausgewählte von rund 1 300 Skizzen aus 15 Skizzenbüchern, die in den fünfziger Jahren mit Motiven aus Dresden und Umgebung entstanden sind, sollen über die schöpferische Breite des zeichnenden Dokumentaristen Richard Bernhardt Auskunft geben. Ermöglicht hat das Peter Mende mit seiner Sammlung.

„Erbaut beim Wiederaufbau“ steht auf der Tafel im Vordergrund der Skizze links, die Richard Bernhardt am 26. Februar 1953 zeichnet und mit „Bauplatz: Altmarkt“ unterschreibt. Rechts: „Aufbau Altmarkt-Westseite – Richtfest am 19. Dezember 1953“ steht unter der Zeichnung, die vier Tage später am Vorweihnachtsabend entsteht.

Eindrücke vom Mai-Umzug am 1. Mai 1951 in der Freiberger Straße.

Ein Mai-Baum am 1. Mai 1957 vor der Gaststätte „Berolina“ in Löbtau.

Zum Gedenken an die Zerstörung Dresdens wird am 13. Februar 1957 auf dem Altmarkt ein Mahnmal aufgebaut.

Der Zirkus „Aeros“ gastiert am 8. Mai 1953 auf dem Fučikplatz.

Ebenfalls 1953 zeichnet Richard Bernhardt diesen Blick vom Neumarkt Richtung Brühlsche Terrasse.

Die alte Gaststätte „Hoher Stein", Coschützer Straße 34, im Jahre 1951.

Ein Verkaufsstand 1952 an der Kesselsdorfer Straße/Ecke Tharandter Straße.

„Am Keppschloß (Kalininschule)". Entstanden 1953 und von Bernhardt mit der Nummer 14 326 versehen.

Einen besseren Beweis für die Frische der angelieferten Produkte gibt es nicht – Gerd Eichstädt hält am Spätnachmittag des 6. September 1959 den Moment fest, da Kühe auf dem Heimweg vom Elbufer zu ihrem Stall in der Brucknerstraße gemächlich an der Milchbar am Schillerplatz vorbeilaufen. Am 5. Januar 1954 fasst die Stadtverordnetenversammlung den Beschluss, am Schillerplatz eine Milchbar mit Eisterrasse zu bauen. Finanziert durch 8 000 DM aus Lotto-Mitteln und 6 600 DM aus freiwilligen Einsätzen der Bevölkerung. Im August eröffnet, wird sie vor dem Stadtjubiläum 1956 weitgehend umgebaut und bietet nun neben Kugeleis 87 unterschiedliche Milch-Mix- und Eisgetränke, auch mit Importlikören und Importfrüchten, an.

Neben der Milchbar-Terrasse am Schillerplatz steht ein Verkaufswagen. In ihm ist Christa Hampf Verkäuferin. Auf dem Foto links aus dem Jahre 1955 ist sie mit einem ihrer besten Kunden zu sehen. Im Jahr darauf heiratet sie ihn. Eine zweite große Milchbar gibt es in der Weißen Gasse (rechts). Sie wird am 1. September 1959 eröffnet und bietet erstmals auch Plätze im Freien.
Fotos von Frieder Delang

Was macht 1952 die Menschen krumm? Bockwurst vom Konsum! Der prall gefüllte Naturdarm der Wurst hat nach dem Erhitzen den Drang, beim Reinbeißen das Fett nach allen Seiten zu verspritzen. Deshalb beim Essen leicht vorbeugen und nach unten abtropfen lassen. Foto unten: Noch 1958 gibt es in der Neustadt am Albertplatz einen Weihnachtsmarkt. Sein Standort ist da, wo heute das „Café Kästner“ steht.
Fotos von Ursula Schneider/Peter Luckwaldt

Das „Café Prag“ im nächtlichen Lichterglanz 1958 und 1959. Am 20. Dezember 1956 öffnet es ab 18 Uhr als Dresdens „Tanz-Café mit Mokkastube und Schnellimbiß“ seine Türen. Am Tag vorher ist das „Haus Altmarkt mit Bier- und Speiserestaurant, Tages-Café mit Presseabteil, Weinrestaurant mit Bar, Spielsälen für Billard, Schach und Karten, sowie Konzert-Café mit eigener Konditorei“ eröffnet worden. Beide Namen werden aus 436 Vorschlägen der Dresdner ausgesucht.
Fotos von Günter Siegert/Frieder Delang

27. Februar 1951: Im ehemaligen Textilhaus „Kaiser-Etage“ an der Wilsdruffer Straße Richtung Postplatz bekommt Dresden sein erstes HO-Kaufhaus. Nach provisorischem Vorweihnachtsverkauf schon ab 16. Dezember 1950 ist nun die offizielle Eröffnung des Zwei-Etagen-Hauses. Im Juli des gleichen Jahres kann auch die 3. und 4. Etage genutzt werden. Ein Dreivierteljahr später ist dieses Dresdner HO-Kaufhaus das umsatzstärkste aller bis dahin bestehenden elf Kaufhäuser der volkseigenen Handelsorganisation in der DDR.
Foto von Frieder Delang

So wie auf diesem Foto zeigt sich das HO-Warenhauses „Howa“ seit 13. August 1956. Der bisherige Bau an der Wilsdruffer Straße ist durch die Altmarkt-Eckbebauung mit 5 300 Quadratmetern Nutzfläche erweitert worden. Es ist eine historische Stelle, denn hier stand bis 1945 Dresdens älteste Apotheke, die Löwenapotheke. An sie schloss sich das alte Rathaus der Stadt an.
In Achtung dieser geschichtlichen Vergangenheit werden die ursprünglichen Baupläne noch einmal überarbeitet und das siebente Stockwerk des Kopfbaus um 1,20 Meter niedriger gesetzt. Nun betragen die Unterschiede in der Firsthöhe mit 33 Metern nur noch sechs Meter mehr zum alten Rathaus und drei zur Löwenapotheke.
Foto von Dr. Peter Müller

Wer sich etwas Zeit nimmt und auch mal den Kopf in den Nacken lehnt, kann sehen, dass der Eckbau des einstigen HO-Kaufhauses an der Wilsdruffer Straße/Altmarkt-West noch einige plastische Elemente aufweist. Sie wurden wie auch anderen Bauten auf der Altmarkt-Westseite als Schmuck eingefügt. Zu den Reliefs gehört auch dieses mit den fröhlichen Kindern – hier noch in der Werkstatt –, das der Bildhauer Max Piroch 1955/56 geschaffen hat.

Ebenfalls Reliefs von Max Piroch für die Altmarkt-Westseite. Von dem Rähnitzer Künstler stammen auch die Plastik am einstigen Kühlhaus in der Weißeritzstraße zum ersten Fünfjahrplan und die Figurengruppe „Familie“ am Straßburger Platz, die ursprünglich für den Wiener Platz vorgesehen war, dann aber dort dem Lenin-Monument weichen muss.
Fotos von Hans Petrasch

„Hier bedient Sie HO Nord“ steht auf einem Schild vor dem „Italienischen Dörfchen“ am Theaterplatz. Der Bär in der Mitte ist nicht echt, denn man schreibt den 20. Februar 1955, und der ist der Faschingssonntag. Das „ID“ ist zu der Zeit noch geschlossen und wird erst am 1. Juni 1957 wieder eröffnet. Foto rechts: Die Stadthalle am Dr.-Kurt-Fischer-Platz – jetzt Militärhistorisches Museum am Olbrichtplatz – wird nach dem Krieg zur Heimstätte für den Striezelmarkt. Nach der Rückkehr der Dresdner Tradition ins Stadtzentrum 1954 bietet die Stadthalle zusätzlich eine Weihnachtsmesse an. Zu deren erster nimmt der Weihnachtsmann junge Frauen vom Vermessungsdienst Dresden in den Arm. Fotos von Christa Hampf und Bärbel Hanspach/Buchar

Der Striezelmarkt ist aus dem Norden der Stadt ins Herz der Stadt zurückgekehrt und findet nach einjähriger Zwischenstation auf dem Theaterplatz ab 1955 nun wieder auf dem Altmarkt seinen Stammplatz. Diese Fotos von 1956 zeigen den Eingangsbereich noch mit bescheidenem Schmuck durch die beiden großen Weihnachtsmann- und Bergmannfiguren.
Diafotos von Werner Zobel

Die Ruine des „Palast-Hotel Weber“ am Postplatz aus Richtung Sophienstraße gesehen. In dem hell gestrichenen Erdgeschoss worden im Dezember 1948 die erste freie Gaststätte Dresdens nach dem Krieg namens „Theater-Café“ und zehn Jahre später der erste „Gastronom“ der DDR eröffnet. Im Foto unten ein Blick aus Richtung Marienstraße. Ganz links ein Möbelpavillon der HO, in der Mitte an der Ecke Schweriner Straße der „Gambrinus“. Dieses traditionelle Restaurant lädt ab Januar 1955 nach dem Wiederaufbau als Privatgaststätte mit 115 Plätzen wieder ein. Fotos aus dem Jahre 1956 von Martin Schwalbe

Links ist über der Bierreklame der Dachgarten des „Gambrinus" zu sehen, der immerhin 110 Plätze mit Aussicht über den Postplatz bietet. Die Menschenschlangen stehen nicht vor dem HO-Lebensmittelgeschäft, sondern vor der „Konzertkasse Lorz", in der es die begehrten Karten für kulturelle Veranstaltungen gibt, aber auch Reisen gebucht werden können.
Fotos von Dieter Rohn

Panoramafoto von 1959. Immer mehr Trümmerflächen verschwinden und Neubauten entstehen, wie hier in der Wilsdruffer Vorstadt und Seevorstadt. Links das Hotel „Excelsior", ganz rechts der Turm ohne Spitze der Annenkirche.

Dieses Foto kann als Verlängerung an das linke angeschlossen werden. Denn es zeigt ab Dippoldiswalder Platz die nach der Altmarkt-Westseite 1958 fertig gestellte Bebauung am Dr.-Külz-Ring mit dem südlichen Durchgang zur Webergasse. Das Bankhaus an der Waisenhausstraße in Bildmitte verbirgt das „Ring-Café“, das als dritte Gaststätte in der Neubebauung des Altmarktes am 2. April 1959 eröffnet wird.
Fotos von Helmut Jacobi

Die Prager Straße aus Hauptbahnhof-Sicht Mitte der fünfziger Jahre (oben) und Anfang der fünfziger Jahre (unten).
Fotos von Hans Kranke/Dieter Rohn

Nur eine Wiedergeburt

Die einstige Flaniermeile Prager Straße verliert ihre Anziehungskraft

Als die Touristen noch nicht als „Touris“ bezeichnet, sondern respektvoll „Gäste" in unserer sächsischen Residenzstadt genannt werden, ist für diese Dresden-Besucher unbedingt ein Bummel durch die Prager Straße der krönende Höhepunkt. Diese Straße wird nach dem Bau eines Bahnhofs für die Züge Richtung Böhmen und Prag ab 1851 als direkte Verbindung zwischen Schloss und Altmarkt sowie Wiener Platz angelegt. Binnen weniger Jahrzehnte entwickelt sich die Prager Straße mit Cafés und Restaurants, Läden und Hotels zur allerfeinsten Flaniermeile ersten Ranges. Die „Prager“ ist europaweit ein Begriff, ihrer Anziehungskraft können sich Einheimische wie Auswärtige nicht entziehen. Sieben Jahre lang dauert es, bis die Prager Straße vollständig von den Trümmermassen befreit ist, die von ihren vormaligen Prachtbauten nach der sinnlosen Zerstörung der Stadt im Februar 1945 noch übrig blieben. Ein unbegreiflicher Angriff auf Dresden mit verheerenden Folgen ist zugleich der schmerzhafteste Stich in die Seele der Dresdner.

Eine der besten Adressen auf der eng bebauten Prager Straße ist die Nummer 48. Die Ecke zur Sidonienstraße wird durch ein prächtiges Gebäude beherrscht. Es ist das „Café Hülfert“. Der 1881 gegründete Familienbetrieb gehört zu den besten Dresdner Konditoreien. Noch im Oktober 1944 wird der 1907 geborene Sohn Johannes Hülfert zur Wehrmacht eingezogen. Nach der Entlassung aus der Kriegsgefangenschaft steht er 1946 fassungslos vor den Ruinen des väterlichen Geschäftes. Er übersiedelt nach Frankfurt am Main und bekommt Lohn und Brot beim ebenfalls ausgebombten Inhaber des „Palast-Hotel Weber“ vom Postplatz, Arnold. 1954 hat es Johannes Hülfert geschafft, er eröffnet in Frankfurt/M. wieder ein „Café Hülfert“. Dennoch kann er das Schicksal Dresdens nie überwinden. Schwer krank stirbt er 1966 fern seiner Heimatstadt. Es gleicht einem Wunder, dass ein Geschäfts- und Wohnhaus auf der Prager Straße linker Hand Richtung Altmarkt noch steht. Es ist die Nummer 54. Nach Instandsetzung kann im Erdgeschoss ab 1947 Familie Rohn wieder ein Reisebüro eröffnen. Das Dresdner Familienunternehmen gibt es schon seit 1873 und es zählt zu den ältesten Reisebüros Deutschlands. Von seinem einstigen Sitz in der Prager Straße 30 bleibt nach 1945 nur ein Berg Schutt. Trotz dieses Schicksals wagen Rohns einen Neuanfang und organisieren mit die ersten Urlaubsreisen im Nachkriegsdeutschland. Das 80-jährige Geschäftsjubiläum ist schon in Sicht, da beschließt die Regierung der DDR das Verbot privater Reisebüros. Deren Aufgabe nimmt nur der Freie Deutsche Gewerkschaftsbund FDGB wahr, heißt es in der Begründung. Den Rohns bleibt nichts anderes übrig, als ihren sechs Mitarbeitern statt der Einladung zum Feiern für Ende März 1953 die Kündigung zu überreichen. Durch die staatliche Reglementierung muss die einzige Firma, die das Inferno überlebt hat, ihre Türen für immer schließen. Wenig später wird das Haus abgerissen und auf dessen Fläche Rasen ausgesät. Wie ein Leuchtturm auf der leer geräumten Prager Straße hält sich bis weit in die sechziger Jahre hinein das Hotel „Excelsior“ mit Gaststätte und Café. Das frühere „Schiller-Hotel“ – sein Standort ist etwa der des heutigen Hotels „Bastei“ – zeigt sich gegenüber den Totalschäden seiner früheren Nachbar-Repräsentativhotels auf der Prager Straße/Sidonienstraße, wie „Windsor“ und „Eden“, „Deutscher Hof“ und „Europäischer Hof“, als einziges erhaltenswert. Nach Um- und Ausbau erlebt es 1951 unter dem Namen „Excelsior“ seine Wiedergeburt als erstes Dresdner Nobel-Hotel der Nachkriegszeit. Und die Dresdner zieht es in nostalgischer Sehnsucht nach der einstigen Perle der Stadt.

Ehemalige Bankstraße an der Einmündung Victoriastraße im April 1956.

Unterer Teil der Prager Straße im September 1956. Fotos von Fritz Richter

Das im Frühjahr 1953 geschlossene Reisebüro Rohn im letzten übrig gebliebenen Haus auf der Prager Straße.

Fröhlicher Betriebsausflug der Geschäftsleitung und der Mitarbeiter des Reisebüros Rohn mit dem Dampfer auf der Elbe im Herbst 1952. Es ist das letzte gemeinsame Vergnügen. Wenige Monate danach muss der Belegschaft gekündigt werden, kommt für eines der ältesten Reisebüros Deutschlands das Aus.
Fotos von Dieter Rohn

Der Wiener Platz 1959. Auf der beräumten Prager Straße sind wieder Gleise für die Straßenbahn verlegt. Links das Hotel „Excelsior“ als erster Reklameträger für die nun unter Denkmalschutz stehende Margonwasser-Werbung, rechts ist das erste Studenten-Wohnheim an der Leningrader (St. Petersburger) Straße im Entstehen.

Gleiche Zeit, gleicher Blick, nur jetzt zu ebener Erde. Links eine „Weiße Maus“. So werden die Verkehrspolizisten im Volksmund genannt, seitdem sie ab 1956 als weithin sichtbares Kennzeichen einen weißen Mützenbezug tragen. Die weißen Stulpen sind eine Tradition schon aus den zwanziger Jahren. Zu sehen sind auch ein Mann mit Helm (!) auf einem „Berlin“-Roller, und ein Wolga M21.
Fotos von Werner Schiezold

Im April 1958 zeigt sich vom Rathausturm sowohl Richtung Bürgerwiese (oben) als auch Richtung Hauptbahnhof (unten) nur ein Gewirr von Straßen und Wegen. Auf diesen beiden Fotos einst dicht an dicht bebauter Gebiete wird das Ausmaß der Zerstörung Dresdens 1945 erschütternd deutlich. Vom Bereich Prager Straße stehen nur noch das Hotel „Excelsior" (hinten), der Gänsediebbrunnen am Georgplatz (vorn links) und das Unions-Theater mit dem „U.T.-Kino" an der Waisenhausstraße (vorn rechts). Fotos von Dr. Heinz Israel

Es ist fast ein Kuriosum in der Geschichte der Stadt: Ausgerechnet die Perle Dresdens, die Prager Straße, bleibt zwei Jahrzehnte lang eine Brachfläche und erhält erst als letztes Gebiet der Innenstadt eine Neubebauung. Zwar gibt es bereits 1953 einen Aufbauplan, der hält aber als einzige konkrete Maßnahme fest, die Prager Straße nicht wieder als Korridor von nur 14 bis 17 Metern Enge zu bebauen. 1959 taucht die „Prager“ dann als eines der Vorhaben im ersten Siebenjahrplan der DDR auf, allerdings auch nur mit der Aussicht, bis zum Ende des Planungszeitraumes 1965 die Voraussetzungen zu schaffen. Und erst in jenem Jahr beginnt tatsächlich der Aufbau einer neuen Prager Straße–aber das könnte schon Inhalt eines anderen Buches sein.
Foto mit Exakta-Varex aufgenommen von Michael Hahnewald.

Ein Blick in die Chronik

Was sich sonst noch in Dresden zwischen Januar 1950 und Dezember 1959 ereignete

1. Januar 1950: Auf der Lennébahn im Großen Garten haben an diesem ersten Sonntag des neuen Jahres die Eisläuferinnen und Eisläufer der Betriebssportgemeinschaft Kommunalwirtschaftsunternehmen Dresden (KWU) mit dem Training begonnen, um sich auf die Dresdner Kreismeisterschaften im Eiskunstlauf am kommenden Wochenende vorzubereiten.

9. Februar 1950: Die Arbeiter des Landmaschinenhofes der Maschinen-Ausleihstation Klotzsche haben den 50. Pflug für Dresdens Bauern fertig gestellt. Erst im August 1949 war in der MAS mit der Wiederherstellung von Pflügen begonnen worden, die durch den Krieg stark beschädigt waren.

29. März 1950: Von 50 000 auf 157 000 Semmeln ist die Backproduktion der Dresdner Konsumbäckerei innerhalb von nur zwei Tagen auf Grund enormer Nachfrage gestiegen. Anlass dafür ist die große Preissenkung seit dem 27. März, die sich allein bei Weißbrot und Semmeln mit um 40 Prozent niedrigeren Preisen bemerkbar macht.

26. April 1950: Nach seiner Premiere auf der Leipziger Frühjahrsmesse macht der erste fahrbare Glaspavillon des Deutschen Hygiene-Museums nun in Dresden selbst vor dem Neustädter Bahnhof bis zum 10. Mai Station. In dieser technischen Neuleistung ist eine Ausstellung über die Frau zu sehen, in deren Mittelpunkt die erste Gläserne Frau gezeigt wird.

14. Mai 1950: Zum Tag seines 25-jährigen Bestehens wird das Mockritzbad im Kaitzbachgrund wiedereröffnet. Im größten seiner vier Teiche gibt es eine Bauminsel, eine 50-Meter-Schwimmbahn, einen Sprungturm und eine Wasserschaukel. Mit Sportplatz und Kinderspielplatz, Liegewiesen und eintausend Kabinen will das Naturbad wieder zur sehr beliebten Erholungsstätte für die Dresdner werden.

2. Juni 1950: Die erste Volksmusikschule Sachsens hat in der Ernst-Schneller-Schule in der Pirnaer Landstraße 58 ihre Türen geöffnet. Sie bietet Kindern zwischen acht und 14 Jahren, die Begabung, Lust und Liebe zur Musik zeigen, die Möglichkeit, von Grund auf in das Wesen der Musik einzudringen und später auch ein Instrument zu erlernen.

15. Juli 1950: Mit dem Stück „Der arme Konrad“ von Friedrich Wolf hat im Parkgelände der Grund- und Oberschule Jägerstraße 34 die erste Spielwoche auf der neu erbauten Freilichtbühne Premiere. Zwei Monate lang haben Schüler und Lehrer gemeinsam diese kulturelle Spielfläche unter freiem Himmel geschaffen.

11. August 1950: Dresdens erstes neugebautes Hotel nach dem Krieg lädt am Ernst-Thälmann-Platz unweit des Hauptbahnhofes und an der Straße nach Pirna ein. Das 50-Betten-Hotel namens „Astoria“ entstand aus den Ruinen einer vormaligen Jugendherberge. Durch weiteren Ausbau auf eine Kapazität von 136 Betten soll es der größte und schönste Hotelneubau der gesamten DDR werden. Die aktuellen Zimmerpreise betragen zwischen sieben und 20 DM. Im Cafè ist täglich von 17 bis 23 Uhr öffentliches Konzert.

17. September 1950: Einen Massenbesuch von fast 20 000 Zuschauern kann der Volksrenntag auf der Seidnitzer Galopprennbahn verzeichnen. Die unter treuhänderischer Leitung des Dresdner Kommunalwirtschaftsunternehmens KWU stehende Pferderennbahn bietet an diesem Tag mit vielen Überraschungen für große und kleine Besucher ein wahres Volksfest. Das Hauptrennereignis, den „Großen Preis von Dresden“ über 2 000 Meter, entscheidet Jockei Bruno Radach auf „Prater“ für sich.

23. Oktober 1950: In der Seebachstraße am Rande von Reick ist das erste Intelligenz-Eigenheim bezogen worden. Es wurde an den Pflanzenbiologen Dr. Benedix vergeben, der sich in der Pilzkunde als Wissenschaftler einen Namen gemacht hat. Insgesamt zwölf dieser Intelligenz-Eigenheime entstehen an der Seebach-, Donndorf- und Thormeyerstraße sowie Kaitzer Straße mit viel Platz zum Wohnen und Forschen entsprechend einem Gesetz der DDR zur Förderung von Kunst und Wissenschaft.

30. November 1950: Der Rat der Stadt weist darauf hin, dass ein Christbaumverkauf nur von Kleinhändlern mit Zulassungsbescheinigung des Amtes für Handel und Versorgung betrieben werden darf. Zeitlich festgelegt ist der Verkauf für die Zeit vom 10. bis 23. Dezember mit Höchstverbraucherpreisen von 1,20 DM bis maximal 5 DM für Fichtenweihnachtsbäume zwischen 70 Zentimetern und vier Metern Höhe.

7. Dezember 1950: Die vierjährige Brunhilde Loch aus der Großenhainer Straße wird als einmillionste Besucherin der bisherigen fünf Weihnachtsmessen in der Nordhalle am Dr.-Kurt-Fischer-Platz mit einem Taschenradio und Blumen geehrt. Die am 1. Dezember eröffnete fünfte Weihnachtsmesse hat Puppenschau und Puppenspiel als spezielle Inhalte.

12. Januar 1951: Am Fetscherplatz wird nach einjähriger Bauzeit eine Straßenbahnwartehalle eingeweiht. Das wegen seiner Architektur vom Volksmund als „drei Zigarrenkisten“ bezeichnete Gebäude bietet auch Platz für einen Verkaufsstand, eine Telefonzelle und einen Zeitungsverkauf. In die Gestaltung wurde ein an dieser Stelle stehender alter Baum mit einbezogen.

22. Februar 1951: Die Konsumgenossenschaft Dresden macht darauf aufmerksam, dass sie ab 1. März im gesamten Stadtgebiet Brötchen frei Haus liefern kann. Ab 7 Uhr bringen Brötchenfrauen die Semmeln bis zur

Das ist noch zu sehen von der Freilichtbühne an der Jägerstraße, die von Lehrern und Schülern 1950 gebaut wurde.
Foto von Daniel Scholz

Wohnungstür. Bestellungen dafür können in den Lebensmittelverkaufsstellen des Konsums abgegeben werden. Dort werden frische Semmeln erst ab Mittag verkauft.

14. März 1951: „Dresden“ und „Sachsen“ heißen zwei neue Erdbeersorten aus der Versuchs- und Forschungsanstalt für Gartenbau in Pillnitz. Nach dreijähriger Prüfung und nunmehr erfolgter Zulassung durch das Sortenamt können ab sofort vom Dresdner Handel den Kleingärtnern Erdbeer-Jungpflanzen dieser beiden neuen Sorten angeboten werden.

20. April 1951: In der Bergbahnstraße auf dem Weißen Hirsch eröffnet der Vorstand der neu gegründeten Handwerksgenossenschaft, Kraftfahrzeugmeister Kurt Richter, das erste Kulturhaus des Handwerks. Dadurch bietet sich erstmals die Möglichkeit gemeinsamer Treffen von Handwerkern und Genossenschaftsmitgliedern auf kulturellem, wirtschaftlichem und gesellschaftlichem Gebiet.

10. Mai 1951: Auf 420 Beschäftigte ist die zentrale Wäscherei der Stadt mit ihren Werken in der Heidestraße und der Friedrichstraße sowie den Annahmestellen angewachsen. Die Waschfabrik in Trachenberge wurde im Februar 1945 stark zerstört. Erst nach Überführung in Volkseigentum begann ein Wiederaufbau aus den Trümmern. Mit 36 Beschäftigten und 12 Tonnen Waschleistung pro Monat startete zwei Jahre zuvor der Neuanfang.

4. Juni 1951: Eine „Bediene-dich-selbst“-Verkaufsstelle hat die Konsumgenossenschaft Dresden in der Tauernstraße 11 in Laubegast eingerichtet. Diese erste derartige Verkaufsstelle bietet die gängigsten unrationierten Waren in Selbstbedienung an. Dadurch konnten hier 25 Prozent an Arbeitskräften gegenüber den Läden mit Vollbedienung eingespart werden. Auf ähnlicher Basis bereitet die Volkseigene Handelsorganisation HO in der Altenberger Straße 29 einen Teilselbstbedienungsladen für Haushaltwaren, Schreibwaren und Lederartikel vor.

4. Juli 1951: Erstmals nach 1945 bekommt der Dresdner Zoo wieder einen Elefanten. „Carla“ heißt das siebenjährige Tier aus dem Zoo Hannover, für das 14 000 DM bezahlt wurden. Eine große Menschenmenge begleitet nach der Ankunft auf dem Güterbahnhof Friedrichstadt die mehr als 40 Zentner schwere und 2,20 Meter große Elefantenkuh auf ihrem Weg quer durch die Stadt zur Tiergartenstraße.

19. August 1951: Mehrere Hundert Dresdner folgen dem Aufruf der Regierung der DDR, den Bauern in den ländlichen Gebieten bei der Kartoffelkäferbekämpfung zu helfen, weil eine Invasion der schwarz-gelben Schädlinge die Kartoffelernte gefährdet. Von 13 Treffpunkten in der ganzen Stadt aus wird die Hilfsaktion in die umliegenden Gemeinden gestartet.

8. September 1951: Eine artistische Doppelpremiere stellt die Dresdner vor die Qual der Wahl. Auf dem „Karl Stein“-Sportplatz an der Pfotenhauer Straße gastiert zum ersten Mal in Dresden ein Artistenensemble aus der Volksrepublik China. Gleichzeitig lädt der DDR-Staatszirkus „Aeros“ aus Berlin in sein Zwölfmastenzelt ein, das am Fučikplatz in Nähe der Stübelallee aufgebaut ist.

27. Oktober 1951: In den HO-Gaststätten „Theater-Café“, „Luisenhof“, „Hansa-Hotel“, „Am Neustädter Bahnhof“, „Volkshaus Mitte“, „Italienisches Dörfchen“, „August-Bebel-Straße“, „Mokkana“, „Carola-Schlößchen“, „Waldpark-Hotel“, „Artushof“, „Kaskade“, „Elbe-Hotel“, „Ratskeller Loschwitz“, „Jugend-Aktiv“ und „Hausberg Pillnitz“ beginnt eine Werbewoche für Freundschaftsweine. Bis zum 4. November werden in genannten gastronomischen Objekten vorwiegend Weine aus der Sowjetunion sowie aus Bulgarien und Rumänien kredenzt.

7. November 1951: Aus geborgenen und aufbereiteten Einzelteilen haben Mitarbeiter des Fernmeldeamtes eine technische Anlage gebaut, die es ermöglicht, rund eintausend neue Fernsprechteilnehmer an das Telefonnetz anzuschließen. Das Gebäude des Fernmeldeamtes am Postplatz war bei den Bombenangriffen des 13. Februar 1945 in Schutt und Asche gelegt worden.

17. Dezember 1951: Die erste neu gebaute Kirche in der DDR hat an der Marienberger-/Kipsdorfer Straße ihre Weihe als Bethlehem-Kirche. Nach genau einem Jahr Bauzeit erhält die Tolkewitzer Gemeinde mit diesem Gebäude erstmals ein Gotteshaus. Ebenfalls an diesem Tag beginnt der Aufbau eines neuen Daches für die St.Petri-Kirche am Großenhainer Platz.

8. Januar 1952: Vor der Großen Strafkammer des Landgerichts findet eine öffentliche Verhandlung gegen einen Mitarbeiter des VEB Vieh- und Schlachthof Dresden sowie vier Fleischermeister wegen Wirtschaftsvergehen statt. Den Angeklagten wird vorgeworfen, sich innerhalb des vergangenen halben Jahres 450 Kilogramm Speck ohne Bezugsberechtigung angeeignet zu haben. Die beiden Hauptangeklagten werden zu dreieinhalb Jahren Zuchthaus und Vermögenseinzug, die anderen zu Gefängnisstrafen von einem Jahr bis eineinhalb Jahren verurteilt.

28. Februar 1952: Die Abteilung Stadtplanung des Rates der Stadt reagiert auf eine Kritik aus der Bevölkerung, dass die

Das ist die 1951 erste neugebaute Kirche in der DDR. Dadurch bekam auch Tolkewitz an der Marienberger-/Kipsdorfer Straße ein Gotteshaus.
Foto von Daniel Scholz

Die Schrift ist immer noch zu lesen. In der Tauernstraße 11/13 in Laubegast wurde 1951 Dresdens erste Verkaufsstelle mit Teilselbstbedienung eröffnet. Bis zum Hochwasser 2002 war darin noch ein Elektrogeschäft. Foto von Daniel Scholz

„Rote Amsel" in Loschwitz (das Leonhardi-Museum an der Grundstraße) verfalle, recht bissig. Das Fachwerkhaus stehe unter Denkmalschutz und habe keine baulichen Mängel. Jedoch sei die Bemalung des Gebäudes wertlos und unkünstlerisch. Sie bilde nur neuromantischen Kitsch aus dem Ende des vorigen Jahrhunderts. Deshalb wäre eine Übermalung erstrebenswert, eine farbliche Erneuerung der Sprüche dagegen sei wegen deren recht unzeitgemäßen Inhalts nicht zu vertreten, heißt es.

25. März 1952: Der Verlag des Börsenvereins der Deutschen Buchhändler präsentiert in der Berufsschule an der Gerokstraße die erste Fachbuchausstellung in Dresden. Gezeigt werden über 3 000 Fachbücher und Fachzeitschriften, die einen Überblick über die gesamte Fachbuchproduktion seit Kriegsende auf dem Gebiet der jetzigen DDR geben.

26. April 1952: Die ersten zehn „Ikarus 30"-Busse aus der Volksrepublik Ungarn sind in Dresden eingetroffen und dem Kraftverkehr Land Sachsen der Vereinigten Verkehrsbetriebe übergeben worden. Die Dieselmotor-Busse mit jeweils 22 Sitz- und 18 Stehplätzen rollen festlich geschmückt auf Jungfernfahrt durch die Stadt und können beim Halt am Platz der Einheit auch von innen bestaunt werden.

20. Mai 1952: Die gefürchteten „Eisheiligen" haben später als erwartet ihre Kälte gezeigt. Durch extreme Fröste in der zurückliegenden Nacht sind auf den Feldern der Landwirtschaftsbetriebe im Dresdner Umland fast alle Tomatenpflanzen erfroren. Damit es dennoch eine Tomatenernte gibt, werden die Gärtnereien und anderen Verkaufsbetriebe von Tomatenpflanzen aufgefordert, ihr eigentliches Bevölkerungskontigent an die betroffenen landwirtschaftlichen Betriebe zu verkaufen.

7. Juni 1952: Die Zeitungsträgerinnen des Postamtes 28 Dresden-Altstadt haben sich bereit erklärt, die Zustellung der „Sächsischen Zeitung" ab sofort früh bereits 5 Uhr zu beginnen. Um die Realisierung zu ermöglichen, bitten SZ-Verlag und Postamt A 28 die Abonnenten der „Sächsischen Zeitung", für geöffnete Haustüren ab 5 Uhr und ungehinderten Zugang zu den Briefkästen in den Hausfluren zu sorgen.

9. Juli 1952: Die seit Tagen herrschenden Hitzetemperaturen mit Werten um die 30 Grad Celsius machen viele ärztliche Noteinsätze notwendig, die aber nicht immer schnell genug erfolgen können. Deshalb rät das Gesundheitswesen der Stadt den Dresdnern, sich bei fühlbarem Blutandrang im Kopf oder Schwindelgefühl in den nächst erreichbaren und gewöhnlich kühlen Hausflur zu setzen, bei Bewohnern um ein Glas Wasser zu bitten und es langsam auszutrinken.

2. August 1952: Auf Initiative von Mitgliedern der Deutschen Volksbühne Dresden und des Dresdner Staatstheaters finden Enttrümmerungsarbeiten am zerstörten Opernhaus auf dem Theaterplatz statt. Mit weiteren freiwilligen Arbeitseinsätzen von Künstlern und Mitarbeitern und vielen Dresdnern als Helfern soll der erste Bauabschnitt zur Wiederherstellung der zerbombten Semperoper ab 1953 vorbereitet werden.

25. September 1952: Die Blasewitzer Kirche hat ihre Orgel zurückerhalten. Die war wie weitere 14 Orgeln in Kirchen der Stadt am 13. Februar 1945 zerstört worden. Durch die Bautzner Orgelbaufirma Eule wurden in dem beschädigten Blasewitzer Instrument zwei Werke erneuert. Schon im Jahr zuvor war die große Orgel der Annenkirche repariert worden.

3. Oktober 1952: Pillnitz hat über die erste volkseigene Stadtteil-Apotheke. Die verwaltungsmäßig der Blasewitzer „Schiller-Apotheke" zugehörige Einrichtung ist nach dem neuesten Stand von Wissenschaft und Technik eingerichtet. Sie verfügt neben dem Verkaufsraum über einen Spezialitätenraum, ein Labor, eine Spülküche und ein großes homöopathisches Lager.

1. November 1952: Der seit 1. Dezember 1950 tätige Direktor des Dresdner Zoos, Wolfgang Ullrich, gibt die Absicht bekannt, den Zoo von der Tiergartenstraße in die Dresdner Heide zu verlegen. Dort bestehe umfangreicherer Platz, um einen neuen Zoo in größeren Dimensionen, zum Beispiel auch mit Teichen für Wassergeflügel und Becken für Seelöwen, zu bauen. Da die planerischen Vorbereitungen und Bauausführungen eine längere Zeit in Anspruch nehmen, werde zwischenzeitlich der jetzige Vogelwiesen-Rummelplatz in das Zooareal einbezogen und auf diesem Gelände ein Gehege für Großtiere eingerichtet.

11. Dezember 1952: Bei überraschenden Kontrollen durch Mitarbeiter des Rates der Stadt in Gaststätten muss festgestellt werden, dass in einigen Lokalen die Bier- und Schnapsgläser nicht bis zum deutlich angebrachten Eichstrich gefüllt werden. Besonders drastische Verstöße sind bei den Kontrollen in den Gaststätten „Gasthof Blasewitz", Mitropa-Restaurant im Wartesaal Bahnhof Dresden-Neustadt, „Stadt Nassau", „Bellevue" und „Gasthof Meußlitz" zu verzeichnen.

14. Januar 1953: 18 Frauen werden in der Kelterei Lockwitzgrund qualifiziert, um eine Männerdomäne zu durchbrechen. Sechs der Frauen erlernen das Pasteurisieren von Rotwein – den sie scherzhaft „Bluto" nennen –, drei sind in der direkten Kelterei und zwei beim Weinballonziehen beschäftigt. Der vorgesehene Einsatz von drei Frauen in der Marmeladenherstellung kann noch nicht erfolgen, da die technischen Voraussetzungen noch nicht optimal für Frauen sind.

28. Februar 1953: In Vorbereitung auf die anderentags im Albertinum beginnende III. Deutsche Kunstausstellung, zu der Repräsentanten von Partei und Regierung der DDR sowie Hunderttausende Besucher erwartet werden, haben mehrere Bau- und Gartenbetriebe den östlichen Teil der Brühlschen Terrasse völlig umgestaltet. Es wurden Blumenzwiebeln gesteckt und Sträucher gepflanzt, damit sich im Frühjahr dort eine blühende und grünende Anlage zeigt. Notwendige Voraussetzungen dafür waren die Trümmerbeseitigung des ehemaligen Restaurants „Belvedere" und die Erneuerung des bis zum einstigen Gondelhafen reichenden Steilhanges.

4. März 1953: In einer außerordentlichen Versammlung beschließen die Mitglieder der Zuchtgemeinschaft Seidenbau des Kreises Dresden, den Aufruf der Leipziger Kollegen anzunehmen und mit ihnen in einen Wettbewerb um die besten Ergebnisse in der Seidenraupenzucht 1953 zu treten. Das Erreichen größerer Erträge im Seidenbau bedeutet eine wichtige Steigerung der Naturseideerzeugung in der DDR.

7. April 1953: Die medizinisch bislang schlecht versorgten Gebiete Kaitz, Nickern und Pillnitz sollen durch Ausschöpfung örtlicher Reserven Unfallhilfsstellen erhalten. Das beschließen die Mitglieder des am 23. Oktober 1952 gegründeten Dresdner Deutschen Roten Kreuzes auf ihrer ersten Kreisversammlung. Die Kameraden des DRK stellen sich außerdem das Ziel, bis zum Oktober des Jahres für je 200 Einwohner einen Gesundheitshelfer auszubilden.

15. Mai 1953: Energiebeauftragte und Schaltmonteure verstärken während der vom Rat der Stadt ausgewiesenen Spitzenbelastungszeiten die Kontrollen in den Häusern. Damit vor allem während der abendlichen Höchstbelastung des städtischen Stromnetzes Stromabschaltungen verringert werden können, ist pro Haushalt nur das Anschalten einer Lampe mit einer Glühlampe von höchstens 60 Watt sowie eines Radios gestattet. Ausgenommen von dieser

Regelung sind die Bewohner der Stadtteile Niedersedlitz und Zschachwitz sowie von Wilschdorf.

18. Juni 1953: Die DEFA beginnt in der Rothenburger Straße und der Louisenstraße sowie auf der Brühlschen Terrasse mehrtägige Filmaufnahmen. Unter der Regie von Nationalpreisträger Kurt Maetzig entsteht ein zweiteiliger Film über das Leben und Wirken Ernst Thälmanns. Für das bisher größte deutsche Filmprojekt von „Ernst Thälmann – Sohn seiner Klasse“ und „Ernst Thälmann – Führer seiner Klasse“ bildet Dresden die Kulisse für die Szenen von Straßenkämpfen während des Hamburger Aufstandes 1923.

6. Juli 1953: Von der Verkehrspolizei ist am Platz der Einheit der erste neuartige Straßenhinweis für Auto- und Motorradfahrer aufgestellt worden. Es handelt sich um einen viereckigen Hohlkörper aus Glas, der durch Leuchtröhren im Inneren angestrahlt wird. Dadurch sind die aufgemalten Fahrtrichtungshinweise schon aus weiterer Entfernung als bei den üblichen Verkehrstafeln zu sehen. Der größte Vorteil dieser beleuchteten Glaskörper zeigt sich natürlich in der Nacht.

9. August 1953: Mit einem Betriebssportfest nehmen die Beschäftigten der Volkseigenen Handelsorganisation HO ein Sportstadion an der Bodenbacher Straße in Besitz. Nutzer des neu gebauten „Philipp Müller“-Stadions ist die HO-Betriebssportgemeinschaft „Empor“, die mit dieser großen und vielseitig nutzbaren Sportstätte die 7 000 Beschäftigten der HO in den Verkaufsstellen für Industriewaren und für Lebensmittel, in den Gaststätten und in der Verwaltung an die regelmäßige Körperkultur und an den Breitensport heranführen soll.

5. September 1953: Die größte und modernste Kindertagesstätte der DDR öffnet in der Friedrichstraße 34/36 ihre Türen. Sie bietet auf drei Stockwerken Platz für 230 Jungen und Mädchen, um die sich 14 Mitarbeiter liebevoll kümmern. Im dritten Stock haben Schulkinder die Möglichkeit, ihre Hausaufgaben im Beisein einer Lehrerin zu erledigen. Das Haus verfügt über eine eigene Küche und kann auch die ärztliche Betreuung der Kinder absichern.

12. Oktober 1953: Die Rundfunkabteilung des Sachsenwerkes Niedersedlitz hat bereits mit dem heutigen Tag ihren Jahresplan in Höhe von 60 000 Rundfunkapparaten erfüllt. Grundlagen der vorfristigen Planerfüllung waren eine intensivere Arbeit der Beschäftigten und neue Arbeitsabläufe. Um der Bevölkerung noch mehr der begehrten „Olympia“-Rundfunkgeräte zur Verfügung zu stellen, sollen bis zum Jahresende zusätzlich 18 500 Radios des verbesserten Typs „532 WU“ hergestellt werden.

2. November 1953: Das erste Barocktheater-Museum der DDR soll bis Jahresende im Dresdner Zwinger entstehen. Dieses einmalige Theatermuseum wird im oberen Saal des einstigen Wissenschaftlichen Pavillons bisher noch unbekanntes Material an Kupferstichen, Handzeichnungen, Textbüchern und Partituren des Barock des 17. und 18. Jahrhunderts der Öffentlichkeit zugänglich machen. Die Exponate stammen aus Beständen des früheren Kupferstichkabinetts, aus dem Institut für Denkmalpflege sowie dem Landeshauptarchiv und der Landesbibliothek.

29. Dezember 1953: Letzte Vorbereitungen für eine umfangreiche Gesundheitsvorsorgeaktion. Ab Januar 1954 sollen sich alle Dresdner Erwachsenen einer Schirmbildfotografie unterziehen. Die Reihenuntersuchung dient dazu, auf die Lungenkrankheit Tuberkulose zu untersuchen, wobei die neueste Durchleuchtungsmethode der Schirmbildfotografie wesentlich bessere Früherkennung der Tbc ermöglicht als bei der vormaligen Röntgen-Reihenuntersuchung.

30. Januar 1954: Die Fußballer Herbert Schoen, Günter Schröter und Kurt Fischer werden in der Deutschen Hochschule für Körperkultur und Sport in Leipzig durch den Stellvertreter des Ministerpräsidenten der DDR, Walter Ulbricht, mit dem Titel „Meister des Sports“ ausgezeichnet. Die drei mehrfachen Fußball-Nationalspieler hatten maßgeblichen Anteil daran, dass die SG Dynamo Dresden gleich im Jahr ihrer Gründung 1953 DDR-Meister wurde.

11. Februar 1954: Auf Wunsch der Kunden werden ab sofort im Industrieladen des VEB Tell auf der Kesselsdorfer Straße die Kaffeebohnen zu Pulverkaffee gemahlen. Eine moderne Mahlmaschine ermöglicht den Service in mehreren Varianten von der Staub- bis zur Grobkornmahlung. Durch diese Neuerung wird die Musterverkaufsstelle für Schokolade und Kaffee bei den Dresdnern ein noch beliebteres Einkaufsziel.

2. März 1954: Erstmals sorgen zehn Festzüge in der Stadt für besonderen Trubel an diesem Faschingsdienstag. Begleitet von vielen Narren rollen lustig geschmückte Wagen sternförmig ab der Güntzstraße, dem Pohlandplatz, der Karcherallee, der Dohnaer und der Nöthnitzer Straße, dem Rudolf-Renner-Platz, von Altcotta, der Erfurter Straße und der Dr.-Kurt-Fischer-Allee zum Wiener Platz. Von dort geht es gemeinsam am Rathaus vorbei zum Theaterplatz, wo ab 18 Uhr viele Tausend Dresdner zum großen Faschingsvergnügen zusammentreffen.

3. April 1954: Auf dem Schillerplatz findet zum ersten Mal ein Bauernmarkt statt. Von den Landwirtschaftlichen Produktionsgenossenschaften Dresdens werden schon ab 6 Uhr Wurst, Eier,

Die Kiosk- und Imbissbauten am Fetscherplatz kamen und gingen. Dieser uralte Baum aber behauptet sich und diktiert schon seit über einem halben Jahrhundert, wie gebaut werden darf. Foto von Daniel Scholz

Hier in der Friedrichstraße 34/36 öffnete die größte Kindertagesstätte der DDR 1953 ihre Türen. Nach Abriss des marode gewordenen Baus, entsteht nach genau 50 Jahren nun eine neue Kindereinrichtung. Foto von Daniel Scholz

Milch und Speck und von Einzelbauern aus Oberpoyritz, Loschwitz und Eschdorf Schweinefleisch, Fett und Sülze sowie Quark und Sahne angeboten. Gärtnereien der Stadt sind mit Spinat, Salat, Porree, Sellerie, Sauerkraut und Äpfeln vertreten. Zudem bieten die HO-Industriewaren Haushaltsgegenstände an.

26. Mai 1954: Im gesamten Stadtgebiet werden 500 neue Papierkörbe aufgestellt. Damit will Dresden den Ruf als sauberste Stadt Deutschlands erringen. Unterstützt wird das Ziel durch zwei ebenfalls neue und hochmoderne Müll-Spezialfahrzeuge für den Dienstleistungsbetrieb Straßenwesen. Durch Schichtsystem soll für ein regelmäßiges feuchtes Kehren der Straßen gesorgt werden.

16. Juni 1954: Das erste Zeltkaufhaus der DDR hat in Bühlau seine Premiere. Die Idee zu einem solchen Wanderkaufhaus wurde bei der HO-Industriewaren Dresden-Nord geboren. Gedacht ist das Novum zur besseren Versorgung der Bevölkerung in den Dresdner Randgemeinden und dem ländlichen Umland. In Bühlau umfasst das Angebot bis zum 26. Juni Stoffe, Woll- und Kurzwaren, Haushalt- und Industriewaren sowie Spielzeug.

11. Juli 1954: Zum ersten Mal startet ein Omnibus mit Urlaubern zu einer Rundfahrt durch die Republik. Organisiert wird diese Neuheit von der Dresdner Filiale des Deutschen Reisebüros DER, um vor allem der werktätigen Bevölkerung zu ermöglichen, auf Mehrtagesfahrt die schöne Heimat kennenzulernen. Die zweite Rundreise ist vom 13. bis 22. August geplant.

28./29. August 1954: „Mit der SZ auf du und du" heißt das Motto des ersten Pressefestes der „Sächsischen Zeitung" auf dem Theaterplatz und im Großen Garten. Kulturelle Höhepunkte sind am Sonnabend der Auftritt des Erich-Weinert-Ensembles aus Berlin und am Sonntag der Konzert- und Tanzabend mit dem Unterhaltungsorchester Kurt Henkels und dem Ansager Heinz Quermann. Das erste große Volksfest der 50er Jahre wird von 300 000 Menschen besucht.

15. September 1954: Ab sofort bietet der VEB Deutsche Spedition in Dresden Gütertaxis an. Unter der Telefonnummer 42556 konnten sich Dresdner ein Kleinfahrzeug bestellen, um größere Einkäufe oder Koffer transportieren zu lassen. Sie bekamen auch die Gelegenheit, selbst mitzufahren Eineinhalb Stunden Fahrzeit einschließlich Be- und Entladezeit kosten ab 9,75 DM, auf die transportierten Gepäckstücke gab es Versicherungsschutz.

17. Oktober 1954: Der 20-jährige Wolfgang Uhlmann von der BSG Aufbau Dresden-Mitte wird mit dem Titel eines Schachmeisters ausgezeichnet. Der Sachbearbeiter im VEB Bau-Union Dresden ließ gleich bei seiner zweiten Teilnahme an den DDR-Schachmeisterschaften die gesamte und international erfahrene Spitzenklasse der Republik hinter sich und siegte ungeschlagen im Meisterschaftsturnier.

25. November 1954: Unter dem Begriff „Fleischfrost" bringt als erster Betrieb in der DDR der Dresdner VEB Vieh- und Schlachthof tafelfertige Gerichte im tiefgefrorenen Zustand in den Verkauf. Verwendet wird dafür nach Aussage der Betriebsleitung nur bestes Frischfleisch, angerichtet mit den allerfeinsten Importgewürzen. Die „Fleischfrost"-Gerichte sollen für die berufstätige Frau beim abendlichen Kochen eine große Arbeitserleichterung und Zeitersparnis sein.

14. Dezember 1954: Auf ihren Vornamen „Henny" tauft die bekannte Filmschauspielerin Henny Porten im Dresdner Zoo einen kleinen Löwen. Die als Pionierin der deutschen Filmkunst bezeichnete Schauspielerin weilt als Hauptdarstellerin anlässlich der Premiere des Zirkusfilms „Carola Lamberti – eine vom Zirkus" im „Filmtheater Schauburg" in Dresden.

3. Januar 1955: Ab diesem ersten Verkaufstag im neuen Jahr kann die HO-Industriewaren in ihren Geschäften das erste Fernsehgerät der DDR zum Preis von 1 300 DM frei zum Kauf anbieten. Der „Rembrandt" verfügt über 22 Röhren und eine Bildröhre für die Bildschirmgröße von 18 mal 24 Zentimetern sowie über drei Fernsehkanäle und ein UKW-Band. Kostenlos neugierig machen auf Fernsehen durch „Rembrandt" konnten sich die Dresdner vorher in der HO-Verkaufsstelle Lübecker Straße 77.

12. Februar 1955: Am Vorabend des 10. Jahrestages der Zerstörung Dresdens durch anglo-amerikanische Bomben wird vor der Ruine der Frauenkirche das Martin-Luther-Denkmal feierlich übergeben. Das 1885 gegossene Bronzestandbild, geschaffen von Ernst Rietschel, war in der Bombennacht 1945 schwer beschädigt worden. Nach Wiederherstellung ist das 3,60 Meter hohe und zwei Tonnen schwere Denkmal nun an seinen ursprünglichen Platz zurückgekehrt.

7. März 1955: Ein sechssitziger Kinderwagen wird der Kinderkrippe in der Collenbuschstraße zur Erprobung übergeben. Die Idee für diesen Wagen mit je drei gegenüberliegenden Sitzen hatten Mitarbeiterinnen der Abteilung Mutter und Kind beim Rat der Stadt, gebaut wurde er in den Werkstätten Tolkewitz und Trachenberge der Dresdner Verkehrsbetriebe. Wenn sich der Sechssitzer bewährt, soll er in Serie gefertigt und allen Kinderkrippen in der DDR angeboten werden.

25. April 1955: Der staatliche Großzirkus „Budapest" ist zu seinem ersten Auslandsgastspiel in Dresden eingetroffen. Das ungarische Ensemble mit mehr als einhundert Mitgliedern gastiert vom 30. April bis 15. Mai am Fučikplatz und zeigt über 20 Darbietungen. Höhepunkte sind die original ungarische Reiterei, eine Schleuderbrettnummer und ein Volksorchester mit einem 12-jährigen Dirigenten.

25. Mai 1955: Das erst im Vormonat gegründete DEFA-Filmstudio für Trickfilme in Obergorbitz setzt sich zum Ziel, noch bis Jahresende insgesamt 13 Zeichentrick- und Puppenfilme herzustellen. Das eigenständige Studio in bescheidenen Räumen in der Kesselsdorfer Straße 208 will mit seinen Trickfilmen nicht nur Kinder in die Kinos locken.

14. Juni 1955: Erstmals haben alle Dresdner Stadtverordnete zur gleichen Zeit Sprechstunde. Von 18 bis 20 Uhr sind die Abgeordneten in Aufklärungslokalen und anderen Einrichtungen in den neun Stadtbezirken gleichzeitig für die Bürger ansprechbereit. Ein solcher „Tag im Wirkungsbereich" soll künftig regelmäßig jeden zweiten Dienstag im Monat durchgeführt werden.

2. Juli 1955: Den Namen „Sonnenhäusel" erhält das Freilicht-Puppentheater an der Herkulesallee im Großen Garten, das am Nachmittag mit dem Stück „Das tapfere Schneiderlein" von Puppenspielern aus der Lausitz eröffnet wird. Das von der Architektin Christa Grunicke geschaffene Theater untersteht der Abteilung Ausstellungen des Rates der Stadt und entstand mit Geldern des Nationalen Aufbau-Werks der DDR.

23. August 1955: Der VEB Sachsenwerk Radeberg erklärt sich bereit, die öffentliche Übertragung des Fußball-Länderspiels Sowjetunion gegen Westdeutschland ab 20 Uhr auf der Brühlschen Terrasse vorzunehmen, damit viele Dresdner diesen ersten Fußballvergleich der beiden Nationen sehen können. Dem Beispiel anschließen sollen sich alle Radio-Fachgeschäfte und privaten Besitzer von Fernsehgeräten und ebenfalls zu Gemeinschaftsempfängen einladen. Die Auswahl der UdSSR besiegte die der BRD mit 3:2.

29. September 1955: Die Bezirksbibliothek Dresden hat ihr Angebot erweitert.

Im Lesesaal in der Elsa-Fenske-Straße 11 liegen jetzt 93 Zeitschriften und 15 Tageszeitungen zur öffentlichen Nutzung aus. Darunter befinden sich auch ausländische Exemplare aus Frankreich, England, Polen und der Sowjetunion. Außerdem steht eine ausgewählte Handbibliothek mit mehr als 15 000 Bänden aller Wissensgebiete kostenlos zur Verfügung.

14. Oktober 1955: Auf Grund der unerwarteten heimischen Gurkenschwemme sowie der vertraglich festgelegten Importlieferungen von Gurken aus Ungarn und Rumänien verpflichten sich die Werktätigen des VEB Rohkonserve Dresden, bis Jahresende ihr Planziel der Konservenproduktion um eine Million DM zu überbieten. Seit Gründung als volkseigener Betrieb drei Jahre zuvor haben die auf 400 Beschäftigte angewachsene Belegschaft ihr Angebot an Sterilkonserven für den Handel schon auf das Zwölffache gesteigert.

1. November 1955: Die Gohliser Windmühle soll die Museenlandschaft in Dresden bereichern und ebenfalls viele Besucher anziehen. Nach monatelangen Vorbereitungen hat in dem markanten Bauwerk an der Elbe das Amt für Denkmalpflege das erste Mühlenmuseum Dresdens eröffnet. Führungen durch die jüngste museale Einrichtung der Stadt werden mittwochs, sonnabends und sonntags ab 14 Uhr angeboten.

23. Dezember 1955: Fritz Löfflers Buch „Das alte Dresden" ist endlich in den Buchhandlungen im Angebot. Der mit den schönsten Motiven der Elbestadt ausgestattete Band ist eine einzigartige Erinnerung an den einstigen Glanz Dresdens. Viele der abgebildeten Bauwerke sind am 13. Februar 1945 in Schutt und Asche versunken. Kunstliebhaber aus dem ganzen Bezirk Dresden hatten seit der Vorstellung des Buches auf der Leipziger Messe sehnsüchtig auf eine Kaufmöglichkeit dieser Dokumentation gewartet.

29. Januar 1956: Die neu gebauten Sprungschanzen am Wilden Mann können endlich eingeweiht werden. Obwohl sie bereits zu Jahresbeginn übergeben wurden, machte der bisher fehlende Schnee eine Nutzung nicht möglich. Die in 4 700 freiwilligen Arbeitsstunden errichtete Anlage hat eine Großschanze mit fünf Meter hohem Turm und 15 Meter langem Anlauf, der Sprünge bis zu 27 Metern Weite möglich macht. Von der kleineren Kinder- und Anfängerschanze gelingen Sprünge zwischen 4 und 15 Metern weit. 1929 gab es im Stechgrund schon mal eine Sprungschanze.

9. Februar 1956: Ungewöhnlich heftige Schneefälle lassen das Stadtgebiet im Weiß versinken. Auf die 17 bis 20 Zentimeter hohe Schneedecke fielen in der Nacht noch einmal fünf Zentimeter Neuschnee. Da sich auch der Frost verschärft, kommt es zu erheblichen Verkehrsstörungen. Mit minus 27 Grad Celsius ist dieser Tag der kälteste seit Beginn meteorologischer Beobachtungen.

15. März 1956: Nach neuem Anstrich sind jetzt alle 16 Elbdampfer der „Weißen Flotte" startbereit für die neue Saison. Sechs von ihnen waren während der Wintermonate zur Generalreparatur in der Werft in Laubegast. Der Dampfer „Bastei" hat seinen Namen gewechselt und heißt jetzt „Kurort Rathen". Das Mutterschiff der Flotte, die „Dresden", erhält noch neue Gardinen und lederüberzogene Stühle und Sessel. In der Saison 1955 fuhren über drei Millionen Menschen mit Dresdens „Weißer Flotte" auf der Elbe.

17. April 1956: Ein elektroakustisches Megaphon, das durch ein aufgesetztes Mikrofon selbst Flüstertöne zu gewaltiger Lautstärke bringt, ist im VEB Funkwerk Dresden entwickelt worden. Das transportable Gerät „Dynaphon" bietet eine Sprachverständlichkeit noch bei 150 Metern und ist insbesondere für den Einsatz auf Großbaustellen, bei Rettungsaktionen und Kundgebungen gedacht.

18. Mai 1956: Eine hochmoderne Tierklinik hat in der Nähe des Bahnhofes Reick ihren Betrieb aufgenommen und führt somit das Anliegen der 1780 gegründeten Tierärztlichen Hochschule zu Dresden im besten Sinne fort. Die neue Einrichtung kostete 1,3 Millionen DM. Dem Chefarzt und seinen beiden Assistenten für die Großtier- und die Kleintierklinik stehen ein Hufschmied und zwei Veterinärhelfer sowie vier Tierpfleger und eine technische Assistentin zur Seite.

2. Juni 1956: Hauptattraktion im neuen Ausstellungssaal des Deutschen Hygiene-Museums der DDR mit seinen 6 000 Quadratmetern Ausstellungsfläche ist ein Gläsernes Pferd. Nach der Gläsernen Frau bietet das Deutsche Zentralinstitut für medizinische Aufklärung in Dresden nun eine weitere Weltneuheit. Grundlage für das Entstehen des gläsernen Tieres war eine verstorbene altersschwache mittelgroße Stute.

7. Juli 1956: Der Karl-Hermann-Saal im Druckereikomplex der „Sächsischen Zeitung“ an der Riesaer Straße ist Geburtsstätte für das erste öffentliche Jazzkonzert in der DDR in einem Saal. Die Dresdner Tanzsinfoniker in Big Band-Besetzung spielen unter der Leitung von Günter Hörig New Orleans-, Chicago- und Dixieland-Jazz sowie modernen Jazz. Moderator des Abends ist Karlheinz Drechsel von der Dresdner Interessengemeinschaft Jazz.

25. August 1956: Die Fleischerei der Konsumgenossenschaft Dresden hat für den Kioskverkauf eine neue Wurstsorte hergestellt, die bei den Dresdnern großen Anklang findet. In nur einem Monat Test wurde von der nach altdeutscher Art gewürzten und warm gemachten Wurst eine derartige Menge verkauft, dass sie als eine Kette vom Rathausturm bis zur Meißner Albrechtsburg reichen würde. Eine Wurst wiegt 125 Gramm und kostet mit Semmel nur eine DM.

4. September 1956: Mit dem DEFA-Farbfilm „Das Traumschiff“ wird die Bespielung eines neuen Kinos in Dresden, der „Schenkhübel-Lichtspiele“ in Klotzsche, gestartet. Der Kreislichtspielbetrieb Dresden-Stadt wird hier künftig jeden Sonntag von 16 bis 18.30 Uhr und dienstags von 18 bis 21 Uhr Filme zeigen.

1. Oktober 1956: „Das Tagebuch der Anne Frank“ hat in der Bühnenfassung von Frances Goodrich und Albert Hackett am Dresdner Theater der Jungen Generation seine Uraufführung. In der Inszenierung der Geschichte um das Schicksal der jüdischen Familie Frank, die 1933 nach Amsterdam emigriert war, spielen Ruth Schröder die Titelrolle und Rolf Büttner ihren Vater. Regie als Gast führt Helfried Schöbel.

22. November 1956: „Oase“ nennt sich Dresdens erste Gaststätte auf Selbstbedienungsbasis, die am Platz der Einheit aus einem vorherigen Zeltbau entstanden ist. Mit Infrarot-Heizstrahlern ausgestattet bietet sie täglich von 11 bis 19 Uhr Speisen und Getränke an, für die man vorher an der Kasse spezielle Wertmarken kaufen muss. Eine Terrine Erbsen mit Schweinskopffleisch kostet 0,85 DM, zwei Eier in Remoulade mit Semmel 1,05 DM.

9. Dezember 1956: Kameraden der Gesellschaft für Sport und Technik machen an diesem Sonntag von 7 bis 11 Uhr Treibjagd im Großen Garten. Ziel der Aktion ist die Bekämpfung tollwutverdächtiger Tiere wie herumstreunender Hunde und Katzen sowie wilder Kaninchen. Aber auch Elstern, Krähen und Eichelhäher, die ebenfalls die Tollwutseuche verbreiten können, haben sich stark vermehrt. Während der Treibjagd bleibt der Große Garten ringsum für die Öffentlichkeit abgesperrt.

Wenn 1952 die Stadt das Geld dazu gehabt hätte, wäre das als Leonhardi-Mueum bekannt gewordene Gebäude in der Grundstraße überstrichen worden, weil die Sprüche nicht mehr in die Zeit passen würden. Foto von Daniel Scholz

18. Januar 1957: Der Spirituosenbetrieb VEB Bramsch in der Friedrichstraße hat sich erweitert. Ihm wurde die Tafelwasser abfüllende „Stahlquelle Briesnitz" angeschlossen. Aus diesem Anlass zeigt der VEB Bramsch in Schaufenstern der HO auf der Leipziger Straße, Schandauer Straße, Hüblerstraße und der Königsbrücker Straße sein gesamtes Produktionssortiment mit den Spitzenprodukten, dem 40-prozentigen Korn und dem 45-prozentigen Wodka.

20. Februar 1957: „Leopek", eine Mückenschutzsalbe auf der Basis von Nelkenöl, ist neuestes Produkt des VEB Elbechemie Dresden. Die Creme ist auch Bestandteil der zweiten Neuerung aus diesem Betrieb, eines Reisebeutels aus Goldfolie. Neben „Leopek" sind darin noch eine kleine Tube Chlorodont-Zahnpasta, eine Zahnbürste und ein Fläschchen Mundwasser enthalten.

7. März 1957: Premiere für die erste fahrbare Zahnstation der DDR. In 950 freiwilligen Aufbaustunden haben Handwerker der Hauptwerkstatt Trachenberge der Dresdner Verkehrsbetriebe einen generalüberholten Straßenbahnhänger zum komfortabel und modern ausgestatteten Zahnambulatorium ausgebaut. Mit einem Aufenthaltswagen wird es die einzelnen Straßenbahnhöfe anfahren und den Werktätigen der Verkehrsbetriebe eine Behandlung vor Ort anbieten. So werden lange Wartezeiten vermieden.

20. April 1957: Der „Luisenhof" wird mit modernster Ausstattung und mehr Platz für Gäste an diesem Ostersonnabend von der HO wiedereröffnet. Der „Balkon Dresdens" war durch technischen Defekt im Jahr zuvor abgebrannt, wobei die 16-jährige Tochter des früheren Eigentümers, Helga Voigt, ums Leben kam. Als international erfolgreiche Schwimmerin galt sie als eine der größten sportlichen Hoffnungen.

24. Mai 1957: Einen Breitwandfilm erstmals auf einer Breitleinwand sehen können die Dresdner Filmfreunde im modernsten Kino der Stadt, der „Schauburg". Die DEFA hat mit dem Streifen „Mazurka der Liebe" ihren ersten Film in Totalvision gedreht und zeigt ihn in der Dresdner „Schauburg". Der Vorfilm „Hiddensee" und der „Augenzeuge" laufen in Schwarzweiß und normaler Breite.

17. Juni 1957: Auch der Dresdner Flughafen gehört zu den Flugplätzen, von denen aus die Deutsche Lufthansa ihren DDR-Inlandflugverkehr zwischen Berlin-Schönefeld, Leipzig, Dresden, Erfurt und auch Barth aufgenommen hat. Von Dresden-Klotzsche aus dauert es mit einer IL 14 etwa 50 Minuten bis Berlin und rund 100 Minuten bis zur Ostsee. Für Interessenten an den Flügen ist an der Leubnitzer Straße von der Lufthansa ein Stadtbüro eingerichtet worden, wo auch der Zubringerbus zum Flughafen abfährt.

6. Juli 1957: Der Umbau des Heinz-Steyer-Stadions beginnt. Um es internationalen Leichtathletik-Maßstäben anzupassen, wird das Fußballfeld um zwei Meter Richtung Steintribüne verlegt, damit an der Seite der Holztribüne Sprunggruben mit 40-Meter-Anlaufbahnen errichtet werden können. Da auch die 100-Meter-Sprintbahnen neu angelegt werden, müssen für deren Platz zwei Sitzreihen der Steintribüne weichen. Für den Ausbau stellen der Rat des Bezirkes Dresden 80 000 DM und die Stadt 30 000 DM zur Verfügung.

12. August 1957: Nach ausführlichem Probebetrieb hat der Speiseeisbetrieb VEB Koba nun die offizielle Produktion seines neuen „Pikkolo"-Eises aufgenommen. Das Eis am Stiel besteht aus Vollmilch, Zucker und Eiern und hat einen leckeren Schokoladenüberzug. Erhältlich ist es für 45 Pfennig in den HO-Geschäften „Törtchen" am Altmarkt und im „Milch-Mix"-Laden auf der Ernst-Thälmann-Straße.

28. September 1957: Über 200 namhafte Pilzkenner aus Mitteleuropa führen erstmals in Dresden eine Mykologentagung durch. Unter dem stilisierten Zeichen von zwei der edelsten Pilzformen, der Herbstlorchel und des Erdsterns, tauschen bis zum 3. Oktober in der Technischen Hochschule Pilzfachleute ihre Erfahrungen aus. Organisiert wird die Tagung von der Dresdner Fachgruppe Pilzkunde der Bezirkskommission Natur- und Heimatfreunde in der Deutschen Akademie der Wissenschaften der DDR.

7. Oktober 1957: Der Leiter des Dresdner Funkamtes, Kollege Pieper, hat als erster und bisher einziger Dresdner das Piepen des ersten künstlichen Weltraumkörpers im All empfangen. In der Nacht zum 4. Oktober hatte die Sowjetunion einen 58 Zentimeter großen Satelitten in 900 Kilometer Höhe gebracht. Seitdem umkreist der Sputnik die Erde und sendet dabei 0,3-Sekunden-Signale aus. Gehört hat sie Pieper in der vorigen Nacht von 23.49 bis 23.56 Uhr auf 20,005 Megahertz.

20. November 1957: Die Dresdner Gemäldegalerie hält ihre Türen erstmals bis 22 Uhr geöffnet. Ab 17 Uhr beträgt der Eintrittspreis nur 50 Pfennig. Dieses Angebot soll versuchsweise nun an jedem Mittwoch gelten, um vor allem den werktätigen Dresdnern Gelegenheit zum Besuch der von der Sowjetunion im vorigen Jahr zurückgegebenen 1 240 weltberühmten Kunstschätze zu geben. Seit Eröffnung der Sempergalerie am 3. Juni 1956 haben bereits über 700 000 Menschen die Gemäldegalerie besucht.

31. Dezember 1957: Zwischen dem Inhaber Langer des „Parkhotels Weißer Hirsch" und der Deutschen Investbank wird der erste Vertrag über eine staatliche Beteiligung im Gaststättengewerbe des Bezirkes Dresden abgeschlossen. Dank dieser finanziellen Unterstützung können nun die Großküche des Restaurants modernisiert sowie durch Ausbau die Bettenzahl des Hotels von 60 auf 160 erhöht werden. Um sportbegeisterten Hotelgästen künftig besser entgegenzukommen, sollen ein Schießstand, eine Tischtennisanlage und auch drei Kegelbahnen bis Mitte 1958 entstehen.

4. Januar 1958: Die frühere Gaststätte „Feldschlößchen" an der Fechnerstraße ist nach Umbau als Klubhaus für die Jugend von Dresden-Nord unter dem Namen „Rudi Arndt" wiedereröffnet worden. Unter einem Dach stehen ein Klubraum und ein Fernsehraum, ein Tischtennis- und Billardzimmer sowie ein Näh- und Musikzimmer und ein Raum für den Fotozirkel bereit.

2. Februar 1958: Das weltgrößte Passagierflugzeug TU 104 A der sowjetischen Fluggesellschaft „Aeroflot" ist von Prag kommend in Dresden-Klotzsche gelandet. Das modernste Düsenstrahlflugzeug macht hier eine Woche lang Station, um den Dresdner Flugzeugbauern und Fachleuten aus der ganzen DDR die Möglichkeit zum Inspizieren zu geben.

20. März 1958: In der gesamten Stadt beginnt eine intensiv vorbereitete Impfaktion gegen die Kinderlähmung. Zunächst erhalten Mütter der durch die heimtückische Krankheit am meisten gefährdeten Kinder der Geburtsjahre 1954, 1955 und 1956 die entsprechenden Hinweise durch die Gesundheitsämter der Stadtbezirke. Darin wird nochmals auf die Folgen der Kinderlähmung mit Siechtum, Krüppeldasein oder gar Tod aufmerksam gemacht. Der Impfstoff wurde gegen Devisen von der Schweiz erworben.

2. April 1958: Eine 150 Meter lange Rabatte und eine stark vergrößerte Blumenfläche vor dem Hauptbahnhof sind in diesem Jahr die sichtbarsten Neuerungen für die im Stadtzentrum beginnende Frühjahrsbepflanzung. Mitarbeiter des

Das war mal ein Teil des „Karl Hermann"-Saals an der Riesaer Straße. Der wegen seiner Größe und des Vorgängerbetriebes Sachsenverlag nur „Sachsensaal" genannte Festsaal der Druckerei „Völkerfreundschaft", war in den fünfziger Jahren Dresdens Kultursaal. Dann wurde er zu Produktionszwecken genutzt. Foto von Daniel Scholz

Man sieht dem Sportgelände an der Bodenbacher Straße nur mit Mühe an, dass es 1953 als moderne und vielseitige Sportanlage mit dem Namen „Philipp Müller-Stadion“ eingeweiht wurde. Foto von Daniel Scholz

Dienstleistungsbetriebes Grünanlagen und Landschaftsgestaltung bepflanzen die Rabatten mit Stiefmütterchen, Vergissmeinnicht, Astern, Pelargonien und Dahlien. In der gesamten Stadt kommen insgesamt 612 000 neue Pflanzen in den Boden.

1. Mai 1958: Das „Café Prag“ am Altmarkt wird Dresdens neue große Unterhaltungsgaststätte. Es hat vorerst von 16 bis 18 und 19 bis 24 Uhr geöffnet und bietet sowohl an den Nachmittagen bei einem Eintritt von 1 DM als auch an den Abenden für 2 DM vierzehntägig wechselnde musikalische und artistische Unterhaltungsprogramme. Im Auftaktprogramm ist aus Dresden die Sängerin Marianne Hacke dabei.

14. Juni 1958: Als modischen Renner für den Sommer stellt der VEB Dresdner Herrenmode ein Blouson vor. Das ist ein bei der Pariser Mode abgeschautes kariertes Campinghemd mit spitzem Ausschnitt und gestricktem halbrundem Rand. Für kühlere Tage empfiehlt der Betrieb in seinem Industrieladen am Altmarkt einen Hängemantel „Shetland“.

1. Juli 1958: Von sechs auf nur noch drei Wochen Abstand reduziert der Dienstleistungsbetrieb Müllabfuhr der Stadt seine Räumtouren der Müllkübel. Drei neue tschechische Spezialfahrzeuge und 6 000 zusätzliche Müllkübel für die Haushalte sollen die kürzeren Räumzeiten möglich machen. Derzeit sind 28 000 Müllkübel im Stadtgebiet aufgestellt, durch den zunehmenden Ascheanfall werden aber mindestens 55 000 Kübel benötigt.

4. August 1958: Mit einem freiwilligen Einsatz bei der Pflanzenpflege und Tomatenernte in der Gärtnerischen Produktionsgenossenschaft „Zukunft“ in Dresden-West ist Dresdens erste Hausfrauenbrigade in Erscheinung getreten. Die zehn Frauen, die sich bei der Beseitigung der Hochwasserschäden im Juli zusammengefunden hatten, wollen nun als feste Brigade kontinuierlich in Gärtnereien helfen.

4. September 1958: Für die 6 200 Schulanfänger Dresdens ist dieser Tag ein ganz besonderer. Denn sie werden als Erste zehnklassige polytechnische Mittelschulen besuchen. Zum Lehrplan gehört künftig auch, dass die Schüler ab der siebenten Klasse einmal pro Woche einen Unterrichtstag in der Produktion in sozialistischen Betrieben oder auf Volksgütern, in einer LPG oder MTS verbringen, um dort praktische Arbeit kennen zu lernen.

1. Oktober 1958: Vier Wochen lang sind alle Geschäfte am Altmarkt und in der Ernst-Thälmann-Straße montags bis freitags bis 19 Uhr und sonnabends bis 18 Uhr geöffnet. Ab 3. November wird die Ladenöffnungszeit auf 8 bis 20 Uhr und an den Sonnabenden auf 9 bis 18 Uhr erweitert. Dieser Beschluss des Rates der Stadt soll den Wünschen insbesondere der auswärtigen Gäste Dresdens nach längerer Einkaufszeit im Stadtzentrum gerecht werden.

22. November 1958: Seine erste Originalübertragung in die tschechoslowakische Hauptstadt Prag sendet der Deutsche Fernsehfunk ab 9 Uhr aus Dresden. Übertragungsort ist das „Café Prag“, die Moderation hat der Sänger Christian Pötzsch von der Staatsoper Dresden. Außerdem gibt es Filmeinspielungen aus dem Grünen Gewölbe und aus der Gemäldegalerie.

13. Dezember 1958: Anlässlich des zehnten Geburtstages der Pionierorganisation hat der Rat der Stadt den Dresdner Pioniereisenbahnern einen Scheck zum Kauf von weiteren drei Wagen und zum Bau von zwei Schrankenwärterhäuschen übergeben. Die Pioniereisenbahn im Großen Garten war am 1. Juni 1950 mit einem 1,2 Kilometer langen Rundkurs zur sinnvollen Freizeitbeschäftigung für die Kinder und zur vergnüglichen Nutzung durch alle Dresdner eingeweiht worden.

26. Januar 1959: Drei Taubenjäger, die von der Abteilung Landwirtschaft des Rates der Stadt eingestellt wurden, sollen sich der zunehmenden Taubenplage in der Stadt widmen. Da die Bekämpfung der Wildtauben mit Gift untersagt ist, sollen die drei Jäger mit einem monatlichen Abschuss von etwa 200 Tauben den Bestand deutlich verringern. Geholfen werden soll vor allem dem Neustädter Bahnhof, dessen Fassade über und über mit Taubenkot verschmiert ist.

27. Februar 1959: Der eigentlich für die Durchgangsreisenden bei längeren Aufenthalten gedachte Klub- und Unterhaltungsraum im Hauptbahnhof wird immer mehr zum Domizil der Dresdner selbst. Sie nutzen die vielfältigen Angebote an Dokumentarfilmen und Vorträgen mehr oder minder so stark, dass wartende Reisende oft keinen Platz mehr finden. Rekordbesuch war zu dem Vortrag über „westlichen Jazz, Schlagerschnulzen und

Es ist eine mühevolle Suche im Wald und das Gelände nur mit Hilfe von Anwohnern zu finden. Aber an diesem Abhang in Nähe des Boxdorfer Weges im Gebiet der Autobahnanschlussstelle Wilder Mann standen ab 1956 mal Dresdens zwei Sprungschanzen.
Foto von Daniel Scholz

Rock´n´Roll". Da drängelten sich 215 Zuhörer in dem 62 Plätze bietenden Raum.

23. März 1959: Die Sportgemeinschaft Dynamo Dresden eröffnet in einem Wohnblock in der Grunaer Straße die erste Sportgeräte-Ausleihstation. Sie soll mit ihren Angeboten insbesondere die Jugendlichen zum Sporttreiben anregen. Kostenlos ausgeliehen werden können Fuß- und Handbälle, Gymnastik- und Volleybälle, Gymnastikringe und -reifen sowie Federballspiele und entsprechende Netze und Ständer.

6. April 1959: Mit der Dresdner Erstaufführung des sowjetischen Revuefilms „Ich sag´s dir mit Musik" beginnt der volkseigene Kreislichtspielbetrieb eine neue Filmreihe. Künftig finden an jedem Montag im neuen Kongreßsaal des Hygienemuseums Filmabende als Montagspremiere von Streifen statt, die erst im Laufe der Woche in die Kinos kommen. Am 13. April ist der neue DEFA-Film „Reportage 57" zu sehen.
Der Kongreßsaal des Deutschen Hygiene-Museums fasst 1 050 Plätze und ist die Wirkungsstätte der Dresdner Philharmonie.

1. Mai 1959: Die modernste Neuerwerbung von Dresdens Weißer Flotte kann vier Wochen früher als erwartet zur Jungfernfahrt auf der Elbe starten. Die Schiffsbauer in Berlin-Köpenick haben das bei ihnen bestellte 35 Meter lange Motorschiff vorfristig fertig gestellt. Das 120 Tonnen schwere und 240 PS starke Schiff „Vorwärts" verfügt über einen Salon im Oberdeck und einen Speisesaal im Unterdeck sowie 277 Passagierplätze im Aufbaudeck.

14. Juni 1959: Das Deutsche Reisebüro DER wartet nun auch für die Bürger des Dresdner Ostens mit seinem Service auf. Neben der Zentrale im Hauptbahnhof-Ostbau und der Zweigstelle im Hochhaus am Platz der Einheit gibt es jetzt einen Pavillon am Schillerplatz. Hier erhält man Reiseauskünfte und Fahrkarten für die Deutsche Reichsbahn und für die Autobuslinien nach Berlin und an die Ostsee sowie Straßenbahnfahrkarten und Flugscheine. Außerdem sind Eintrittskarten für unterschiedliche Veranstaltungen im Vorverkauf erhältlich.

6. Juli 1959: Im HO-Warenhaus an der Ernst-Thälmann-Straße ist Dresdens erstes Betriebsrestaurant gastbereit. Hier bietet der HO-Kreisbetrieb Mitte vier Gerichte an, wovon zwei je 60 Pfennig und die anderen zwei bis zu je 2 DM kosten. Die überwiegend weiblichen Warenhaus-Mitarbeiter können auch halbfertige Gerichte für zuhause, wie vorgebackene Koteletts, Filets oder Rouladen, kaufen.

17. August 1959: Die Dresdner Verkehrsbetriebe schicken gleich drei Wagenzüge auf den Linien 15, 16 und 17 mit erstem Anhänger ohne Schaffner auf Fahrt. Diese schaffnerlosen Hänger sind mit einem großen roten „ZZ" gekennzeichnet und dürfen nur von Fahrgästen mit Zeitkarten benutzt werden. In die Triebwagen können Fahrgäste mit Sammel- oder Zeitkarten vorn beim Fahrer einsteigen, für bar zahlende Fahrgäste ist im zweiten Anhänger Zustieg, Nur hier fährt noch ein Schaffner mit.

7. September 1959: Trotz ihrer fast vier Jahrhunderte ist die Dresdner Löwen-Apotheke die modernste der Republik geworden. 1560 an der Altmarktecke zur Wilsdruffer Straße gegründet, wurde dieses markante Gebäude im Februar 1945 restlos zerstört. Nun hat die Löwen-Apotheke in der Ernst-Thälmann-Straße am Pirnaischen Platz ihr neues Zuhause bekommen. Hier verfügt sie über 24 Räume auf 500 Quadratmetern mit Laboratorien, Zubereitungs-, Lager- und Aufenthaltsräumen nebst Aufzug und auch über eine Speziallagerungsgmöglichkeit von feuergefährlichen Substanzen.

10. Oktober 1959: Auf 200 000 Sparer angewachsen ist die Zahl derjenigen Dresdner, die einen Vertrag zum regelmäßigen Sparen mit der Sparkasse abgeschlossen haben. Der größte Teil dieser Vertragssparer stellt bewusst sein Geld dem Staat zur Finanzierung des

Wohnungsbauprogramms zeitweilig zur Verfügung. Die Spareinlagen sind rassant von 46 DM pro Sparer im Jahre 1949 zehn Jahre später auf je 751 DM angestiegen.

1. November 1959: Um den „Goldenen Besen“ startet ein neuer Wettbewerb in Dresden. In ihm wetteifern bis zum 1. Mai 1960 die fünf Stadtbezirke um das sauberste und freundlichste Wohngebiet und den vorbildlichsten Betrieb. Eine Kommission, die sich aus verschiedenen Arbeitsgruppen zusammensetzt, bewertet monatlich die Ergebnisse und vergibt an die Besten den „Goldenen Besen“ und an die Schlechtesten die „Verrostete Schippe“.

9. Dezember 1959: Auf der Linie 11 passiert an diesem Morgen in Dresden-Plauen ein schweres Straßenbahnunglück. Auf dem abschüssigen Straßenstück stadtwärts verliert 6.20 Uhr der Fahrer die Kontrolle über die Straßenbahn, die mit überhöhter Geschwindigkeit in die Haarnadelkurve des Westendringes rast. Durch das Schleudern der Bahn kippt ein Anhänger um und knallt gegen einen Betonmast, wodurch neun Fahrgäste sofort getötet werden und zwei weitere auf dem Weg ins Friedrichstädter Krankenhaus versterben. Von den dort eingelieferten 50 Verletzten können zum Glück 26 nach ambulanter Behandlung die Klinik am Nachmittag wieder verlassen.

Das heutige Militärhistorische Museum der Bundeswehr am Olbrichtplatz war ab 1946 als Stadthalle oder Nordhalle das Ausstellungs- und Messezentrum der Stadt. Nach Umbau zog 1972 dort das Armeemuseum der DDR ein. Foto von Daniel Scholz